识干家

企業閱讀　學以致用

让管理回归简单

宋新宇博士帮你抓住管理的要害

（升级版）

宋新宇◎著

電子工業出版社
Publishing House of Electronics Industry
北京·BEIJING

图书在版编目（CIP）数据

让管理回归简单：升级版／宋新宇著．——北京：电子工业出版社，2012.11
ISBN 978－7－121－18520－5

Ⅰ.①让… Ⅱ.①宋… Ⅲ.①企业管理－研究 Ⅳ.①F270

中国版本图书馆 CIP 数据核字（2012）第 219886 号

书　　名：让管理回归简单（升级版）

作　　者：宋新宇
策划编辑：韩　龙
责任编辑：李　影
印　　刷：北京兰星球彩色印刷有限公司
装　　订：北京兰星球彩色印刷有限公司
出版发行：电子工业出版社
　　　　　北京市海淀区万寿路 173 信箱　邮编　100036
开　　本：787×1 092　1/16　印张：14.5　字数：180 千字
版　　次：2012 年 11 月第 1 版
印　　次：2017 年 12 月第 4 次印刷
定　　价：39.80 元

凡所购买电子工业出版社图书有缺损问题，请向购买书店调换。若书店售缺，请与本社发行部联系，联系及邮购电话：（010）88254888。

质量投诉请发邮件至 zlts@phei.com.cn，盗版侵权举报请发邮件至 dbqq@phei.com.cn。

服务热线：（010）88258888。

博瑞森图书：企业视角　本土实践

亲爱的读者朋友：

也许您是博瑞森图书的老读者，也许是新朋友，欢迎您阅读博瑞森图书！

当今中国，各行各业都存在着转型升级的压力与机遇。博瑞森图书与您一同应对转型挑战并发现其带来的机遇：

我们一直在问：什么样的书能为您解决管理的难题带来启发？

我们一直在找：哪些作品最能帮助企业从跟随到领先？

我们一直在做：把最好的作品以最便捷的方式呈现给您，纸质版、电子版、听读版、书摘短信……

我们力求做到：不要多，而要少——让您花最少的时间、阅读最少的内容，就能获得关键性的帮助或提升。

我们希望您：把您阅读各类经营管理类图书中的遗憾或收获，告诉我们（13611149991），我们认真聆听。

我们策划图书的原则是：

- 企业视角——与您一样，做水中的游泳者，而非岸上的观众或教练；
- 本土实践——与您一样，立足本土环境，追求卓越实践。

每个人、每家公司都有自己的梦想。我们希望用最诚挚、最简洁的方式为您和您的团队实现自己的梦想，助一臂之力！

如果有一天，您把博瑞森图书视为您优秀的事业伙伴、管理助手，我们也就实现了自己的梦想。

相信我们都会有梦想实现的这一天！

您还可以获赠 5 元现金券、本书全文电子书及同类好书推荐等，详见本书封底下方白框中内容。

博瑞森图书
010 – 51900529
bookgood@ 126. com

推荐序

靠近管理本质，远离“企业文学化”

IBM（中国）运营战略首席顾问　白立新博士

有人说，成长型企业一旦请管理顾问入场，发展速度就会放慢。

这话有些刺耳，不过，发生在我身上的一件事，和它还真的很像。

去年，我拜访了一位正在卧薪尝胆的 CEO，他判断未来 3 年他所在的行业将重新洗牌。为此，他决定借助咨询机构的经验，苦练内功，以便把握住产业整合的机会。

看到有生意做，我当然很兴奋。从会议室到餐厅再到宾馆，我引经据典，海阔天空，力图证明现在正是全面转型的最佳时机。随后，在便签纸上，我列举了 CEO 应该做的 9 件事：

1. 贵公司需要用 1 年的时间建立集成的信息管理系统，以提升管理的可视化。

2. 为此贵公司首先需要梳理岗位体系，明确 130 个岗位的职责及胜任能力需求。

3. 为了梳理岗位体系及实施信息系统，贵公司需要优化 200 个三级流程。

4. 在梳理流程之前，贵公司需要首先确定管理模式和组织架构。

5. 为了确保组织架构的平稳过渡以及与业务的协同，贵公司需要优化运营模式。

6. 运营模式必须支撑商业模式，所以贵公司将先期进行商业模式的研究。

7. 商业模式的基础在于企业的使命远景及战略定位，贵公司需要事先予以研究。

8. 战略升级的根本在于干部队伍的建设，所以贵公司需要同时进行领导力建设。

9. 领导力最终将转化为执行力，所以必须与文化的提炼与推广相结合。

这位CEO接过我的便签纸，看了看，放下，又拿起来，然后平静地跟我说：

"我看还有第10件事，我这CEO看来是干不下去了，我把企业送给你算了。"

我上面说的9条可是句句在理的，为什么会落得如此下场？后来，有高人指点我才明白，我把人家辛辛苦苦做出来的企业当作文学作品了，也就是"企业文学化"了。

之所以出现"企业文学化"，根本原因是我们没能认清问题的本质。并非建立了管理体系，就是管理。管理的本质是什么？是激发员工的潜力，达成企业的目标。企业的目标是什么？为客户提供一流的价值。如何为客户创造最大的价值？

在《让管理回归简单》一书中，作者宋新宇博士讲的这个小故事很能说明问题。

一位老企业家的儿子问父亲怎么做管理。老企业家拿了一根绳子放在桌上，让儿子把绳子往前推。儿子就从后面往前推这根绳子，但怎么推都不行，一推绳子就弯了。

这时候，老企业家说，你试试从前面去拉这根绳子，看会怎么样？儿子一拉，自然就把绳子拉动了。老企业家说，管理其实非常简单，你需要用目标把大家拉动起来。

在前面所讨论的“企业文学化”故事中，我要求 CEO 将几乎全部精力用于构建内部的管理体系，也就是要他去“推”绳子。事实上，为了“拉动”企业这根绳子，唯一正确的做法是从客户那一端发力。

宋新宇博士说，表面看似是管理的问题，其实 80% 的解决办法要在业务和业务模式上去寻找，而不是在内部管理上找寻。老板的一个本质任务就是不断帮助公司梳理自己的客户、梳理自己的产品、梳理自己的业务模式，以便最终降低管理对人的要求。

100% 的企业都明白为客户服务的道理，但只有 10% 的企业真正服务好了客户，最后不到 1% 的企业能够洞察到，客户也可以为企业服务，“客户驱动力”能够帮助企业提升竞争力。

我觉着，宋新宇博士就是能够看得到问题本质的人。

让管理回归简单

转眼间《让管理回归简单》上市已经两年了。当初鼓动我出版这本书的博瑞森图书张总告诉我，这本书两年内重印了 11 次，总发行量超过了 10 万册。

我一直坚信这本书会成为一本长销书，10 年后还会有阅读价值。同时，这类书没有畅销基因，我并未期待短时间内能拥有很多读者。所以，现在的销量是我始料未及的。

当然，我非常高兴《让管理回归简单》能有这么多的读者，也非常高兴大部分读者和我有很多共鸣。我也因此欣然接受张总的建议：在原书基础上，加上这两年来新写的 14 篇文章（约占原书内容的 30%），作为《让管理回归简单》“升级版”再次出版印刷。

原来的篇章我重新审阅过，但几乎没有做任何调整。这么做也许是自己没有进步，也许是这些内容经得起时间的考验，到底是什么请您评判吧。买过本书第 1 版的朋友需要注意：您现在花的钱只买了 30% 的新内容。

借此机会，我再次感谢在“初版自序”中感谢过的人，尤其感谢参加过我《赢在战略》课程的客户和初版的读者！

课堂上有不少朋友是看了这本书来听课，反过来这些企业家、老板和管理者的实践又教会了我很多，这也是这本书得以升级和丰富的最重要的源泉。

祝您阅读愉快，并继续拥有勤奋者的幸运！

宋新宇博士

2012.8.21 于泰兴

升级版新增内容（共14篇）

让管理回归简单

自己的新书就要出版了，出版社要我写个自序。我想最简单的方法莫过于回答读者及我自己关心的问题，这既能帮助读者朋友做看与不看的决定，也符合自己在这本书中提倡的简单原则。

一、为什么要出这本书？

不久前，我接到生活在慕尼黑的大学同学发来的邀请，说要在上海举行留德同学30周年庆典。我突然意识到，从1981年开始到现在，学习管理已经30年了。从1991年加入德意志银行、1993年进入罗兰贝格至今，从事管理工作也已经20年了。而创建并领导易中公司至今，也已经有10年之久。在漫长的时间里，我对管理的理解从书本到实际，从自信到怀疑，从大公司到小公司，从外国公司到国内公司，从拾人牙慧到自己思考，实在是有太多个人的感悟和总结。

我平时有写文章的习惯，文章发表在管理类杂志以及我主编的《老板顾问》报告和《易友》杂志里。几年来，陆续有喜欢我文章的出版社朋友找到我，希望能把这些文章结集出版。但我觉得文章虽然有些价值，但杂乱无章，自己又没有时间整理，就一直没有做这件事。直到我图书行业的一个客户，博瑞森的张本心先生找到我，说他可以帮我组织编辑这些文章，我才答应此事。

为什么要出这本书？我相信，这本书中我对易中客户及易中自身管理问题痛苦的思考，能够帮助中小企业、成长型企业的管理者找到适合自己的管理方法和模式。事实上，我最近10年来最引以为豪的是，易中客户对我管理课程内容的共鸣和肯定。

让我感动并鼓励我继续研究下去的一个小例子是，深圳一位身价几十亿的客户告诉我，他只读三类书：儿子的教科书，毛主席的书和宋新宇的书。

还有一个小例子，河北一家有几百名员工的企业老总，几年来组织自己的员工学习我的课程不下500遍。

我不是一个自恋和喜欢张扬的人，如果不是亲耳听他们这么说，我是不会相信的。既然有一些朋友喜欢我的思考，把它以书的形式呈现给大家应该是一件好事。

二、为什么这本书的名字是《让管理回归简单》？

出版界的朋友说，书名的好坏决定40%的销量。最初的时候，我的想法是像一般的文集那样，以一篇文章的标题作为全书的标题。我选择的标题是书中一篇文章的标题：《管理就是“管”+“理”》。原因是我认为这本书虽然有40多篇文章，讲到了管理的方方面面，但管理最根本的做法不外是监管、管教和梳理。

博瑞森的编辑王祖贵先生帮助我梳理了书的结构，他提出给这本书起名为《让管理回归简单》是更合适的做法。我们讨论越多，我越相信他的看法是对的。《让管理回归简单》，其实正是我给成长型企业管理者最终的建议。

面临成长烦恼的中小企业往往在两个方向上犹豫不决：是按照学院派老师及大企业背景顾问们的说法把自己企业弄得像大企业一样完善，还是根据自己的“企情”创造一个适合自己公司简单的管理体系？我的答案肯定是后者。我看到太多的因为把简单事情做复杂而失败的实例。只有回归简单的管理，才是适合中小企业与成长型企业的管理。

三、这本书对谁有用？对谁没用？

如果您是大型企业的管理者，我讲的道理及案例大部分会过于浅显，不值得一看。

如果您是创业阶段的企业老板或员工，这本书也不适合，因为创业阶段的企业需要的是不停地试错，不需要太多的管理，太多的管理反而限制您的发展。

如果您是管理专业的学生，这本书可能对您的未来有用，但要小心这里的内容可能是您的导师不能接受的，因为这本书只有一些实用价值，没有学术价值。

我相信读这本书收获最大的群体是中小企业、成长型企业的老板、管理者及骨干员工。这类企业的员工人数通常在 30 ~ 2000 人之间。这些企业的特点要么是快速成长、快速变化，要么是徘徊不前、找不到下一个发展突破口。

快速发展企业的老板、管理者、骨干员工要不断适应公司新的发展阶段，学习新方法，解决新问题。徘徊不前的企业则需要寻找发现新的突破点。

而我书中的观点、案例、故事、方法及诀窍也许能帮助您理清思路，找到模仿的对象以及给您一些马上就可以试用的做法。

四、读者能得到什么？

我追求的理念是带给客户实用、系统、简单的管理知识和亲自经历的管理感悟。我希望读者得到的是读完就能用、相对全面、简单明了的管理知识。

这是容易理解的目标，但却是很难做到的目标。

实用这件事，每个人的理解都不相同，同一个人在不同时间的理解也不相同。我理解的实用是当您看完一篇文章时，就有马上要做事的冲动。我不知道您是否会这样，但这是我的目标。

系统性也是很难做到的一件事，我试图从对目标的管理、对组织结构的管理、对决策的管理、对人才的管理、对授权的管理以及对自己的管理带给您系统的管理感悟。

简单也是很难做到的事情，我理解的简单是宁可冒着被人评价为肤浅的危险，也不做故弄玄虚的文章。管理的道理应该是每个成年人都能理解的。

最后，我要借这个机会对以下所有人表示感谢。

感谢我的客户，尤其是那些一年又一年跟我们共同成长的客户。你们是我的衣食父母，是我的研究对象，也是我工作的动力和思考的源泉。

感谢刚刚去世的父亲，正直和大度的您是我永远的榜样，您对人生的思考和您的人生经历是我巨大的精神财富。

感谢博瑞森管理咨询公司的朋友，你们的坚持和努力让这本书有面世的机会。

感谢梁利平总经理带领的易中公司同事们。你们的辛勤和忠诚让我有足够的时间做自己想做的事情，你们的问题及创新带给我思考的灵感。

感谢我的家人，你们的关怀让我有时间和精力在正常工作的同时把这本书整理出来，而你们的调侃让我知道自己永远不会是大人物，而是一个平凡的管理智慧追寻者。

宋新宇博士

2010 年 6 月 8 日于保福寺

目录

[第 2 篇] 管理组织

[第 3 篇] 管理决策

[第 6 篇] 管理自己

后记

作者侧记

前言

管理就是“管”+“理”

一位老板给我提出了这样一个问题：

他有一个业务部门，由一位业务经理主管。这个部门有十几个人，其中有两个人业务做得最好，但是这两个人和其他同事关系不太好。关系不好的原因在其他同事看来，是这两个人不合群，而且老抢他们的生意，致使他们的业绩不好。在这两个人看来，是由于别人不像他们那样努力，而嫉妒他们。部门主管向老板建议，把这两个人赶走，以便重新建立部门的和谐。老板左右为难：是迁就那两个能干的人，还是迁就大家？

我问这位老板：这两个业务好的人在人品上有问题吗？老板说：人品没问题，但个性有问题。我说：那真正的问题在于你的部门经理，因为他没有起到应有的作用。

这样的事情在每个企业中天天都在发生。同事间出现矛盾，管理者就做出一个简单的反应：这个人对，那个人错。我们往往把问题归罪于某个人，以为把一个人处理了，我们就万事大吉了。但结果往往是当我们把不听话的和不顺眼的人赶走了，企业缺少了不同的声音和竞争的动力，公司的业绩也就跟着下来了。

正确的做法是：让管理者成为真正的管理者。

什么是真正的管理者？真正的管理者一要“管”，二要“理”。

“管”意味着管理者学会看大局。什么是大局？就是企业的整体、企业的目标，而不仅是部门内部短暂的“和谐”；

“管”意味着管理者自己成为大家的榜样，让大家向自己看齐；

“管”意味着和下属打成一片，包括那些你不喜欢的、但人品上没有问题的人；

“管”意味着知人善用，能把像“顺溜”那样难管的人用好，而不是简单地把不好管的人开除；

“管”意味着要学会授权授压，也意味着帮助下属解决问题；

“管”意味着学会激励，学会表扬与批评，尤其是批评的艺术；

“管”意味着自己承担自己部门的责任，而不是简单地把问题看成下属的责任，自己却高高在上当裁判；

“管”更意味着结果导向，解决部门里出现的问题。

把这些道理运用到前面的例子中，就意味着部门经理要从改变自己的做法来着手解决自己部门的问题，而不是把两难的决定推给老板。

通常，“管”的道理还是比较容易理解的。随着时间的推移，一个管理者会越来越熟练地掌握管人的艺术。而管理者真正难于做到的是“理”，因为很多管理者根本不知道这也是自己的职责，而是把管理简单地等同于指挥，等同于命令。

而“理”是什么？“理”就是梳理，就是总结经验，总结教训，就是想办法从根本上改变一件事情；“理”就是重新定规则，从规则的角度彻底消灭问题。

“管”的着力点在于改变人，改变人的态度，改变人的能力；而“理”的着力点在于改变事，改变流程，改变不合理的做法。

如果管理者只“管”不“理”，即使你“管”的能力再好，以后还会出现同样的问题。就像本文中的例子，如果管理者不敏感地意识到并尽快解决部门内任务分配规则的问题，以后类似的矛盾还是会出现的，只不过当部门有个性强的员工时会表现为公开的矛盾，而没有个性强的员工时矛盾会隐藏起来。但这一问题总是存在的，总在影响部门效率。

对管理有了这样的理解，我们就可以回答这个问题了：管 10 个人和管 1000 个人有什么区别？

我想，在“管”的方面没有太多的区别，但在“理”的方面有非常大的区别。换句话说，**管理者管理的部门越大，管理的人数越多，就越应该学会“理”，学会建立规则和调整规则。**而这些需要“理”的事情分别是：

1. 确定要做的事情和目标。
2. 确定组织架构，分而治之。
3. 确定具体的岗位。
4. 确定绩效和激励机制。
5. 确定制度，用制度而不是靠经理的魅力管理。
6. 确定流程，用流程而不是靠惩罚来确保做事的质量。

管理并不是很难理解的一件事。管理其实很简单，就是“管+理”。

【第1篇】

管理目标

❶

不做第二重要的事情

一个目标是容易实现的，三个目标还有实现的可能，但同时实现五个目标则是奇迹。作为普通的管理者，我们还是不要相信奇迹为好，因为奇迹出现的概率太小了。

年前是每个企业做总结、定计划的时候，也是上上下下最忙的时候。作为几家企业的常年顾问，我曾多次参加这些企业的年终总结会。总结会上，我发现管理层在庆贺取得的成绩的同时都有一个共同的感叹：一年又过去了，为什么我们定的很多计划又没有完成？为什么很多决定了的事情执行不下去？为什么感觉很多事像泥鳅一样——滑得抓不住？

我是顾问，必须当场回答这个问题。我的回答非常简单，我说：**第一个原因在于我们没有真正和彻底的结果导向。大家都在忙过程，而不太关心结果；第二个原因可能在于解决问题的方法不对头，而又不愿去尝试新的方法；第三个原因，也是最重要的，是我们定了太多的目标，而过多的目标让人们无所适从。**

管理其实就是排序。**什么是排序？就是定出来什么重要，什么不重要**。重要的是目标，不重要的是目标干扰。一个目标是容易实现的，三个目标还有实现的可能，但同时实现五个目标则是奇迹。作为普通的管理者，我们还是不要相信奇迹为好，因为奇迹出现的概率太小了。

什么是领导力？领导力就是给别人排序的能力。判断一个人是否有领导能力，非常重要的一个指标就是看他能否做取舍，能否抓重点，能否带领大家只做重要的事情。**对！只做重要的事情**。这其实不是我的发明，杜拉克早就出过这样的选择题：

管理者：____做最重要的事情，____做第二重要的事情。

A 管理者答案：**首先**做最重要的事情，**然后**做第二重要的事情。

B 管理者答案：**只做**最重要的事情，**不做**第二重要的事情。

他给出的**正确答案**是 B

管理就是排序。为什么要排序？因为**排序决定效率，效率决定输赢**。如果您不明白，请回想一下我们小时候就学过的田忌赛马的故事：田忌为何能打败齐王？不是因为他的马好，而是因为他会排序。管理其实就是每天都在进行的排序比赛：把什么人放在什么位置上；什么目标比别的目标更重要；先增加收入还是先增加利润；做两个新产品还是做五个新产品，等等。您的竞争对手可能像齐王一样强大，但如果您的排序能力强过他，您还是可以像田忌一样赢得市场上的胜利。

管理就是排序。**如何排序才是正确的？这才是真正的难题**。传说中的外企考试里有这样的难题（并没有别人给我出过这样的难题，我自己也没有用这样的问题难为过别人，所以称之为“传说中的”）：您的妻子和妈妈同时掉到水里，您先救谁？这样的问题有很多答案，但**没有正确答案**。而人生的考题更难：我们如何在事业和健康上做取舍？我们如何在家庭和工作中找平衡？当爱情和生命发生冲突时，我们要什么？同样，这些问题也没有正确答案，更没有别人能帮您解决。

使命、方向、目标以及排序，这些是您自己的选择。

如何排序是正确的？没有人知道什么是正确答案，但我们知道什么是**错误答案：**不排序、不做取舍、不做决定。

宋博士管理微博

◎紧急的事一定要问是否重要，不重要就不做。重要的事一定要安排足够的时间做，以保证质量。做任何事都要设定最后期限，这样才不会拖拉。

◎很多时候管理者的问题是把几件事混在一起，因而找不到头绪。有时是想达成太多的目标，因而找不到头绪。当我们遇到似乎无解的情况时，问自己一个问题：什么是最重要的？

②

管理就是指出目标和方向

制定出一个合理的目标，我们也就实现了目标的一半。管理者的任务，就是在工作过程中找到并制定出合理的目标。设定目标很关键的一点，就是设定个人的目标。

我们做老板的、做老总的、做部门经理的，任务是什么？下级期望从我们这里得到什么？最根本的东西其实非常简单：一个是目标；一个是告诉我如果完成了目标，我能得到什么。**管理者的一个根本任务就是为下属定目标。定下目标，定下由谁负责，定下完成任务的最后期限，再给出相应的报酬和激励，管理上 80% 的事情就做到了。**

下面这个小故事就形象地说明了这个道理：

一个老企业家的儿子问父亲怎么做管理，老企业家拿了一根绳子放在桌上，让他把绳子往前推。儿子就从后面往前推绳子，但怎么推都不行，一推绳子就弯了。这时候老企业家说，你从前面去拉这根绳子。儿子一拉就把绳子拉动了。老企业家说，管理其实非常简单，你需要用目标把大家拉动起来。管理就是指出目标和方向。

制定一个合理的目标，是我们实现目标的一半。有人这么说，我很相信这一点。我们作为管理者的任务，实际上是在工作的过程中去找到并制定合理的目标。例如，中层管理者就要为部门以及下属指定任务。目标关键在于它的内容，而不是在于它的形式。设定目标很关键的一点，就是设定个人的目标。设定个人一年的目标，一个季度的目标，甚至一个月的目标。因为我们只有把目标分解到个人，才有希望实现我们的目标。

那么如何制定合理的目标呢?

第一大原则是**制定尽量少的目标**。目标太多的话，肯定是没有办法实现的。我发现，凡是那些想在一年内达到很多目标的公司，来年做总结的时候基本上没有几个目标可以实现。制定少数的目标，也能逼迫你确定哪个目标是重要的。

第二大原则是**制定具有挑战性的目标**。需要提醒的是，要注意目标的现实性，如果我们制定的目标下属跳起来也够不着，那么大多数人的反应就是“破罐子破摔”！既然实现不了目标，不如做别的事情。实际上不能怪下属不努力，而是我们作为上司不会通过制定目标来引导和管理团队。

第三大原则是**把目标尽量地量化**。如果一个目标不可以量化的话，那么你就很难实现它。

第四大原则是**目标和你的措施、资源要相匹配**，这是很简单的道理。

第五大原则是**局面越是困难，就越需要短期目标**。举一个生活中的例子。如果你要带着一个小孩去爬山，开始你让他跟你一起爬到山顶是一件很困难的事情。但是你告诉他，我们不一定要爬到山顶，我们每走50个台阶歇一下，看看我们能走多少？那么他的注意力就会放在走50个台阶这个很容易实现的事情上面。当十次、二十次、几十次实现短期目标的时候，你会发现突然之间，你的大目标实现了，你们真的走到了山顶！所以局面越是危险、越是困难，我们越需要短期的、具体的、小的目标。

最后一大原则是**目标应该有书面的记录**，这样便于检查目标是否实现。

∷ 宋博士管理微博

◎方向比速度重要。在错误的方向上，跑得越快，离目标越远。在正确的方向上，即使慢也有到达的时候。

◎在一种情况下，速度比方向重要：那就是方向明确无误的时候，就像百米赛跑，唯一比的是速度。但在企业里和在战场上这样的情况很少，老板和将军的任务往往是判断正确的方向，而这是不容易的。

③
管理就是胜而后战

好的预算要求企业完成从上到下以及从下到上几个轮回。在轮回的背后，是对于公司未来认真的讨论。不仅老板的意见重要，员工的看法也一样重要。既可行，又被大家认可，这样的目标才有可能实现。

十几年前我去罗兰·贝格公司面试，面试官的一道考题是问“零基准预算”是怎么回事。尽管我当时已经拿到博士学位，但并没有学过这个理论。我回答不上来，只能猜测它的含义。幸亏我后来的顶头上司认为了解中国比了解预算方面的新理论更重要，不然我就和罗兰·贝格以及管理咨询无缘了。如果是这样，我后来的职业生涯也就可能和现在完全不同了。人生真的是充满了偶然。

每年年底，是做预算的时候。老板和员工头疼的问题是：明年的目标应该是什么？增长多少才算合适？怎样做预算才合理？

一些企业**从下而上去做预算**，老板让各个部门的经理和员工自己定明年的计划。这样做的思路是：如果员工自己把下一年的任务算出来，这个目标应该是可以实现的，老板就不必自己拍脑袋了。

有的企业是**从上而下做预算**。老板根据自己对市场和客户的了解，更多的是根据自己的主观愿望提出很高的目标，要员工做的事情不是讨论这个目标是否能做到，而是如何做到这个目标。通常员工虽然不认可老板定的目标，但出于对老板的敬畏，即使自己做不到也被动接受这个目标。

这两种做法**共同的结果是让企业失去应有的增长机会。**

第一种做法的问题是显而易见的。通常员工和部门经理们的思路是从过去看未来，而不考虑**未来和过去应该有本质的不同。**

他们的逻辑通常是：我今年有 100 个客户，明年再增加 20 个客户，减去明年要丢失的 10 个客户，我的 10% 的增长就确定了。他们很少考虑更多但是更根本的变量和条件，例如：

1. 新产品出来会怎么样？
2. 把人手增加 30% 会怎么样？
3. 改变销售模式会怎么样？
4. 产品提价会怎么样？
5. 增加销售渠道会怎么样？
6. 增加办事处会怎么样？
7. 把客户重新分类会怎么样？

用其他方式增长，通常不在他们的经验范围内。

但根据过去的做法计算未来，得出的肯定是保守因而错误的目标。**真正的未来在于改变过去的做法。**我面试时要回答的那个“零基准预算”的问题，要解决的就是这件事。**零基准意味着做预算的**

时候不是简单地把过去的数字直接映射到未来，而是推倒过去的一切，从零开始问自己：如果有这样或那样的条件（如产品、人力、模式等），我们可以达到什么样的目标？

第二种做法的问题不是显而易见的。很多老板的逻辑是：我知道要求100%的增长是不现实的，但如果我要求100%，最后实现了50%，也比由员工提出的20%要好得多。但结果往往是，老板不但得不到自己想要的50%增长，反而连本来可以达到的20%也得不到。我在很多客户身上连续很多年都发现这样的事实。

这样做的老板都忽略了预算过程最重要的一环，**就是让参与预算的每个人都相信预算并了解预算背后的逻辑。**老板拍脑袋做出的预算大家不认可，也就没有人会认真地去执行。所谓的目标就不是目标，而是一个笑话。通常连老板也不相信这样的目标，他不会按照这个目标配置相应的资源，例如增加人手或其他投入。而没有投入，预算目标是根本无法完成的。

好的预算要求企业完成从上到下以及从下到上几个轮回。在轮回的背后，是对于公司未来认真的讨论。不仅老板的意见重要，员工的看法也一样重要。在这个讨论甚至是争论的过程中，老板主观的想法被修正，同时员工局限也被老板的超前思路打破，最终的结果是一个可行的预算，同时也是最大程度被所有人接受的预算。**既可行，又被大家认可，这样的目标才有可能实现。**

几乎和孙子齐名的兵法大师吴起说："胜兵先胜而后求战"。**预算的过程其实就是胜而后战的过程。**管理就是胜而后战。

4 管理就是以终为始

"以终为始"就是和下属讨论并制定合理的整体目标，就是要清晰地告诉下属我们想要到达的目的地。只有我们从最终的目标开始，倒推我们现在应该做什么，才会少走弯路，甚至不走弯路。以终为始，就是这么个简单的道理。

开车陪太太出门买东西，因为不知道要去什么地方，我就问到底要去哪里。太太回答说："你不用管，我告诉你怎么走就行了。"我们上路了。太太很辛苦，因为每个路口都要她提醒我，应该往左、往右还是直行。我也很辛苦，因为每个路口我都提心吊胆，不知道往什么方向去。走了一段路后我对太太说："要么你告诉我目的地，要么你自己开吧。"太太很恼火，说你怎么连车都不愿意给我开。一个原本应该轻松愉快的周末，就这样在对如何开车的争论中变得不和谐了。

这样的场景我们都似曾相识。发生在生活里，引起的是家庭里的不愉快，很快就会过去。但在公司里管理者这样做，引发的问题就一定大得多。

一个部门的例会上，部门领导给下面的同事布置任务。他让小李张罗销售计划，让小王张罗销售计划的执行，让小张张罗客户接待的事情，让小刘张罗后勤支持的事情。小王问：我们这样做的整体目标是什么？经理回答说，你不用管，只要按我说的办好你自己的事情就行了。

表面上看起来，这个经理像个能干的管理者，任务布置得井井有条，每个人都有事情做。实际上，这个管理者的问题很大。虽然每个人都有各自的具体工作，但最重要的事情是整体目标，即整个部门要在什么时间、完成什么任务，以及达到什么程度，大家对此却没有任何讨论。经理要么认为我自己知道就可以了，我可以协调大家；要么认为这是明摆着的事情，不用说大家也清楚。

但问题恰恰像开头的例子，虽然我知道是去买东西，却不知道目的地是哪里。**每个人虽然都知道要完成任务，却不知道任务的终点和全貌。**下属弄不清楚，到底我做的这些事情是为了什么？它的意义在哪里？我这样做是达到目标最好的方式吗？为什么要我这样做？因为不清楚管理者心目中的目标是什么，下属也就无从判断自己的做法是否合理，只能小心翼翼地按上司规定的方式做事，难以有任何的创新。本来这个部门有十几个脑袋可用，结果只有一个脑袋在思考，其他有脑袋的人也都只能做经理的手脚。这是多么大的浪费呀！

我开始工作的时候，上司给我推荐了一本管理畅销书，是柯维的《高效能人士的七个习惯》。这是一本让我受益匪浅的书。这本书讲到的七个习惯中，我相信最令人难以理解并做到的就是“以终为始”的做事习惯。大部分人从小养成的做事思路和习惯是从当下开始，一步一个脚印地做。但这样做恰恰是低效的。**只有我们从最终的目标开始，倒推我们现在应该做什么，才会少走弯路，甚至不走弯路。以终为始，就是这么个简单的道理。**

如果说个人形成“以终为始”的习惯是困难的，那么在管理别人时也“以终为始”则是难上加难。因为一个人的目标相对容易定，从目标出发倒推自己现在应该做什么相对容易。而管理是为一群人定目标，一群人的目标很难定，要从本来就难确定的目标出发，就是更加困难的事情了。很多管理者不会用目标进行管理，就是一件容易理解的事情了。

管理其实就是“以终为始”。

“以终为始”就是和下属讨论并制定合理的整体目标，就是要清晰地告诉下属我们想要到达的目的地。管理者这样做了，下属就能理解自己工作的意义，就能使用自己的大脑，就能根据整体目标调整自己的动作，就能大大提高工作效率。管理者不这样做，下属就不能理解自己工作真正的意义，不能思考如何才能更好地配合领导和其他同事，就会变得“难管”、“没有向心力”、“没有热情”、“不主动”，总之就会让管理者头痛。

只有“以终为始”才能提高团队的凝聚力和效率。管理者必须养成“以终为始”的习惯。

5
要用市场化的方式管理企业

计划的精髓是一个大脑通过计划优化资源的利用。市场的精髓是充分利用每个人的能力。设计良好的市场化管理一定能打败大一统的计划管理，因为前者只是利用了一己之力，后者则利用了可以无限放大之力。

一位客户因销售业绩下滑，和我一起讨论对策。

在调查了这个企业的情况后，我发现，这个公司有几个不同产品，而所有产品的销售计划都是由一位销售总监做的，总监做出销售计划后再交由下面的各个销售部门执行。

我问他，为什么这样做？老总的解释是，销售总监是公司里最能干的人，同时又是对公司最熟悉的人，他来做计划能够保证不遗漏任何销售机会。

和销售总监谈话后，我发现，一方面他非常强调公司统一指挥的重要性，他认为现在由他一人做全面计划是非常必要的；另一方面，又不断抱怨自己的时间不够用，他没有办法了解和管理足够多的事情。他挂在嘴边的话是：如果再多给我一周时间，我能把计划做得更好。而在总监没日没夜加班的同时，他部门里的几十个员工经常不知道该干什么。在总监的计划没有排出来之前，他们能做的事情就是等待。

这是一个典型的例子，在很多企业我们都能遇到。

企业里有几百个脑袋，但我们只使用其中的一个，而这一个大脑就往往变成了企业的瓶颈。市场的信息、产品的信息、客户的信息、渠道的信息和员工的信息都要汇集到这一个大脑，这个大脑接受和处理信息的速度和质量就决定了这个企业的发展速度和质量。企业之所以这样做，是因为老板相信“统一计划”很重要，相信统一计划能带来优化。而要做好统一计划，最好的办法是把计划权统一到一个人手中，有时是老板自己，有时是老板认为最能干的某一个人。

我的博士论文研究的是，市场经济与计划经济哪个更好。在 20 世纪 80 年代，走计划经济还是市场经济之路，在中国还是一个没有完全确定的事情，因为计划经济有它非常诱人的一面，就像前面例子中我们看到的那样。但我的研究告诉我，虽然计划经济的逻辑好像是对的，但实际执行结果肯定是糟糕的。

为什么计划经济无法实现其理想的结果？因为**在计划经济假设中，有一个最重要的前提在任何国家、任何地区、任何企业都不可能具备，那就是让一个大脑掌握所有的信息**。我们即使再添加多少信息员、多少做计划的人、多少功能强大的计算机，企业里和市场上的信息都永远无法让一个大脑全部掌握，因为对经济或企业来说最重要的信息（例如，客户需求及其变化）往往无法表达，无法变成文字或数字，因此也就无法集中。

很多人相信计划的万能，但万能的计划不可能成功。不能成功的另外一个根本原因是，**任何不是一个人自己制定的计划，在执行的过程中都会被大打折扣，因为谁都不愿意“被计划”**。国民经济管理是这样，企业管理也是这样。为什么很多企业在大喊要提高执行力？是因为这些企业没有执行力。而**没有执行力的原因往往不是员工不敬业，而是上面根据计划要求他们做的事情是他们根本没有兴趣的事情**。如果企业不能从“由谁来做计划”这个根上解决问题，所有关于执行力的培训都是无用的。

我给前面例子中那位老板的建议是“用市场化的方式管理企业”。

什么是**市场化的管理思路？就是想尽一切办法，推动和利用每个员工的力量来帮助企业发展，而不是把希望寄托在某一个超人的超级计划能力上。**

如何做到市场化的管理呢？

在战略上，老板/老总要给出清晰的战略方向，确定做什么，不做什么。

组织结构上，要打破大一统的格局，尽量让不同的（例如，按产品划分）业务部门互相之间没有牵扯，尽量减少不同业务部门之间协调沟通的必要，尽量降低每个业务部门的复杂性。

在人员安排上，尽量让更多的人负起全部的责任，包括计划的责任，而不让他们仅仅做执行者。

最后，要为每个人，至少要为关键人员/人群设计好激励机制，让他们愿意为了自己的利益而努力工作，而不是因为要完成计划而工作。

而老总自己，则要从一个万能的计划者，变成一个指引方向者、协调者和激励者。

市场化管理并不是完全不要计划，而是用很多实在的小计划取代一个远离现实的大计划。

计划的精髓是什么？是一个大脑通过计划来优化资源的利用。市场的精髓是什么？是充分利用每个人的能力。设计良好的市场化管理一定能打败大一统的计划管理，因为前者只是利用了一己之力，后者则利用了可以无限放大之力。

∷ 宋博士管理微博

◎让员工从心里接受和认同公司的选择，一般有两个做法：一是让员工参与讨论，让他了解这样做跟他有什么关系；二是要跟员工的绩效考核挂钩。

◎小公司往往一人多责，这是合理的。但公司大了，人多了，就要逐渐把事情分开，让一人专职专责。很多公司这么做了，但员工却容易走向本位主义的极端。如何把公司整合到一起，就成了一个新问题。“分”其实不是目的，“和”才是目的。

⑥ 解决管理难题，办法常常在管理之外

只有当我们大大地简化了经营复杂性和管理复杂性的时候，我们才能带领我们身边的这些平常人和我们一起做出不平常的事情来。

老板的一个本质任务就是不断地帮助公司梳理自己的客户、梳理自己的产品、总结自己的业务模式、从模式上降低管理对人的要求。

我曾为一个江苏客户做常年顾问，感觉这个企业碰到的管理难题非常典型，在此与您分享：

这是一家生产型企业，成立十年多了。头十年，老板（和夫人）凭借着良好的业务意识和个人魅力，抓住关键机会，成了几家大型跨国公司的供应商。有了一定的业务基础后，这家公司大手笔采购了一些一流的生产设备，使得客户十分相信他们的实力。在这个阶段即使没有销售部，业务也是源源不断，营业额也攀升到了1亿人民币。但最近两三年，正当公司准备大干另一个10年，把营业额做

上10个亿的时候，营业额却停滞不前了。不仅如此，公司的中高层管理人员频繁离开，客户也频繁抱怨产品质量和交货期的滞后。更为可怕的是，曾让公司引以为豪的第一家跨国公司客户也放弃了和他们的合作。

面对这种状况，老板花一百多万元请来了一家管理咨询公司。咨询公司得出的结论是：公司的文化出了问题，公司的基础管理没有做好，公司的老员工不能跟上企业发展步伐，成了阻碍公司发展的绊脚石。基于此，公司开始大刀阔斧地开展管理基础建设工作，引入了精密的计划管理和绩效考核的方法，并开展了声势浩大的文化变革运动。

一年过去了，这家公司的经营状况非但没有得到改善，老板反而更头疼了：营业额下降得更多，客户流失率更高，质量问题更加严重，公司里能干的人走得更多。

我开始和这个公司接触时，发现了一个令我大吃一惊的现象，那就是从老板到员工，大家80%的时间都在讨论公司内部的事务、员工思想的事情，以及文化的问题，而很少有人关心公司的业务和客户。大家做的报告，都是关于自己在这个星期、这个月做了什么事情的汇报，以及为什么没有做好的检讨。每个人的检讨和“文革”时的自我批评一样，试图触及灵魂和让老板看起来更深刻，但当我和他们讨论时，几乎每个人真实的想法是“其他部门有问题，所以我没办法做好”。但基于当前“文化”的压力，在表达对其他部门不满的时候，还要绕个弯子，以便证明自己对其他部门同事的感恩和需要。

在这些报告和讨论中，几乎听不到任何关于业务的数字，但可以听到大量的由人事和行政部门制造的关于绩效 KPI 的数字。大家关注和争论的焦点是在这些绩效指标上完成了百分之几。为了细化管理，每个部门、每个人的绩效指标都有 5 ~ 8 项，以至于最小的绩效指标权重值可能只有 5%。在这个讨论上，每个人都表现出极大的热情，因为这关系到他们的奖金。但问题是大家在争论和用计算器计算众多的内部指标完成率时，客户和业务被晾在了一边。

这个客户的情况是典型的：**公司规模变大时，老板往往发现以前做得好的事情渐渐地做不好了，以前不出问题的地方开始出问题了。**我们的第一反应便是我们的管理出问题了。所以我们开始把 80% 的精力都放在内部管理上，以为只要把内部管理做好了，业务就自然而然上去了。老板的目标和焦点的改变，自然引起全公司目标和焦点的改变，这就是用对内部管理的关注取代对业务的关注。

但问题是，**尽管大部分企业上了规模后，业务徘徊问题是管理不善造成的，但管理问题的解决却常常不在管理上，而在业务上。**确切地说，是在业务的梳理上。管理其实很简单，就像松下幸之助所说，管理就像天下雨了，你要想着打伞，只要用心，没有人不会。**但业务的梳理、业务模式的推敲却不是每个人都能做到的。**

公司逐渐变大之后，业务复杂性的增加是难以想象的。例如原来只做一个产品，现在做 3 个产品线，每个产品线有 3 个不同的产品，这意味着业务的复杂程度增加了 9 倍；客户群从原来的一个变成 3 个，这意味着相应的管理也比原来复杂 3 倍；基于不同的客户和不同的产品，增加相应的设备和生产工艺所带来的复杂性，可能又比原来增加了 3 倍。如果把以上这些因素叠加起来，一个公司总体复杂程度就增加了 $9 \times 3 \times 3 = 81$ 倍！

在这种情况下，原来靠员工自动自发和老板凭直觉所进行的反应式的管理肯定是不够了，所以老板的第一反应就是：把中高层的管理能力提高，加强计划性、加强部门之间的沟通、加强绩效考核、加强责任心的培养、加强对企业文化的建设，希望这样就能解决这些问题。

但可惜的是，这些管理方面的加强虽然能在一定程度上帮助我们提高应对外部环境复杂性的能力，但却不可能彻底解决外部复杂性提高所带来的种种问题。甚至恰恰相反，当我们对管理提出高要求的时候，我们就在要求员工同时应付双重的复杂性：业务上的和管理上的。这样企业的复杂性就又有成倍的增长：业务的复杂性增加了81倍×管理的复杂性增加3倍，整体的难度就是原来的243倍！

当我们用管理的复杂性来回应业务的复杂性的时候，我们其实是在要求我们的员工去完成超人才能够完成的任务——要求他们能够控制业务和管理上双重的复杂性，这其实是任何人都做不到的。既然大家都做不到，老板期望的结果也就自然不会出现。这时，管理者和员工其实已在老板定下的管理形式中失去了对实质内容（业务）的追求。**在追求管理上的某一个细节的时候，所有的人（包括老板）都忘掉了公司经营的整体和全貌，那就是客户和业务。**

解决这个问题的办法其实非常简单，那就是从战略的层面、从全局的层面考虑删减我们的客户，删减我们的产品，删减对管理的要求，删减绩效指标，删减我们一年内想要做到的事情；只留下最有助于我们最有能力做好的产品，只留下最有可能给我们带来超速发展的潜力客户，只留下实现我们整体大目标（即增长和利润）的管理手段。

只有我们从内部管理导向回到客户和业务导向，**让大家把80%的时间花在关注客户和业务上，而不是关注内部管理的指标上，**我们才有可能解决客户给我们提出的问题，例如质量和交货期。只有当我们大大地简化了经营复杂性和管理复杂性的时候，我们才能带领我们身边的这些平常人和我们一起做出不平常的事情来。**如果我们做老板的都寄希望于招聘到几个超人并让他们来实现我们的目标，那注定是要失败的。**一方面，这个世界上没有超人；另一方面，如果有超人，他们也会自己当老板的。

表面看似管理的问题，其实80%的解决办法要在业务和业务模式上去寻找，而不是在内部管理上寻找。**老板的一个本质任务就是不断地帮助公司梳理自己的客户、梳理自己的产品、总结自己的业务模式、从模式上降低管理对人的要求。**只有当老板把这些其他管理者无从入手和不可能做的事情理顺的时候，对管理本身的关注和梳理才是有效的。因为，方向错，一切皆错。方向错了，别指望管理本身会产生奇迹。

7 管理过程，还是管理结果

企业结果导向是必须的，但面对大量新人和新做法，管理过程也是必要的。在一段时间内着重管理结果还是着重管理过程，不是相互排斥的管理思路，要视情况而定。

一个消费品行业的客户年营业额一个多亿，全国有300多人的销售队伍。最近两年，这支销售队伍的效率不但没有提高，反而一年不如一年，从最初的人均销售额50万元降至30万元。为了扭转下滑趋势，这位老总从几个大公司挖了一些管理者过来帮助自己。

从民营企业来的销售副总向他建议："我们应该加强对销售人员的管理力度，定下硬性销售指标，对于完成指标的工作人员要加大奖励力度，完成不了指标的工作人员要公示、批评甚至无情地淘汰。"

从跨国公司来的销售总监给他的建议完全相反："我们不应该管理结果。原来管的就是结果，这样管也没什么效果。我们应该管理销售人员每天的行为、每天的活动细节。例如，他拜访客户的数量，和客户交流的时间有多长，是否在和重要的客户对话等等。如果过程管好了，你希望的结果自然就会呈现出来。”

听谁的？用民营企业的狼性管理，还是用跨国公司的精细管理？管理过程，还是管理结果？老总陷入了两难。他来问我的看法，我给他的建议是：

1. **用哪种管理方式取决于被管理的人和被管理的事情的成熟度。**对于成熟的人可以只管理结果，但对不成熟的人必须管理过程。对于成熟的事情可以只管理结果，但不成熟的事情必须管理过程。

2. **管理结果是简单的，管理过程是复杂的。**如果管理结果有效就可以只管结果，但管理结果无效的时候一定要管理过程。

3. **不论哪种情况一定要管理结果。**过程可以不管，但仅限于人和事情都成熟，管理结果有效的情况。

如何判断人和事成熟与否？如果你的队伍中有大量的新人，人不会是成熟的。如果你做事的方法和模式是新的，你的事情通常是不成熟的。如果你的做法是新的，即使老人相对于新做法也是不成熟的，你就应该管理过程。

管理结果意味着给你的团队和每个人就关键指标制定合理的目标。

管理结果的手段之一是定期（每月、每周、甚至每日）考察目标的完成情况。根据完成的好坏对团队及个人给予奖励、晋升、表扬或批评、降级、淘汰，这是基层管理者每天的主要工作内容。其中最难也最有必要的是批评、降级和淘汰，因为太多的管理者只愿意当老好人，不愿意得罪人，但没有批评就没有管理。**管理结果的手段之二是绩效激励。**把个人的目标和个人的业绩挂钩。这是中高层管理者每年至少要做好一次的工作，也是很难做好的事情，因为过高的激励养懒人，过低的激励又起不到激励的作用。

管理过程意味着给团队及团队中的每个人定下具体的行动目标，下达具体的任务。如果有必要，行动目标和任务要细化到每一个具体的动作，每一个具体的客户，甚至每天、每小时、每分钟要做什么……这也是为什么过程管理复杂的原因。管理过程的手段依然是定期（每日、每周）考察每个人行动目标的完成情况，根据完成的好坏对团队及团队中的个人给予奖励、表扬或批评、淘汰。

无论是管理结果，还是管理过程，重要的是根据每天、每周、每月结果或行动目标的完成情况分成最好的 25% 和最差的 25%，然后有针对性地做好三件事情：奖励、表扬最好的；帮助、批评、惩罚最差的；总结最好的 25% 优秀员工的做法，把做法复制到剩下的 75% 的员工身上。如果我们日复一日认真地完成这个管理循环，每个人和每个团队的业绩就会得到快速和持续的提高。

企业结果导向是必须的，但面对大量新人和新做法，管理过程也是必要的。在一段时间内着重管理结果还是着重管理过程，不是相互排斥的管理思路，要视情况而定。

8 计划的重要性在于做计划的过程

如果我们不做计划，我们只能听从命运的摆布。如果我们做计划，我们只能犯错误。犯错误总比听从命运的摆布强，因为我们能从错误中学习。做计划能让我们为未来做准备；做计划能让我们充分利用手中的资源，及时要求和补充完成计划需要的资源；做计划能让跨部门的合作更容易进行。

管理者的一个根本任务是为下属制定合理的目标，帮助下属找到完成目标的办法，监控结果并根据情况进行必要的调整。要做到这些，管理者必须培养自己做计划的能力以及根据计划的执行情况修正计划的能力。

做正确的计划是一件不可能的事情，因为只有掌握了所有的信息才能把计划做正确。但未来最大的特点恰恰是其不确定性：客户不一定像你预期的那样喜欢你的产品，新产品上市不一定像你计划的那样成功，下属不一定像你希望的那样有能力，等等。众多因素影响计划的正确性，而且不完全可控。

即使这样，管理者仍需主动做计划，而不是被动地等待或听天由命。**计划的重要性在于它是一个备战的过程、推演未来的过程，为未来可能发生的事情做准备。**西方的管理者常说，Plan is nothing, planning is everything（计划什么也不是，**计划过程是一切**）。只有我们认真做计划了，我们才会打有准备之仗。不做计划，是管理者犯的最大错误之一。计划能力，是管理者最应加强的能力之一。

但即使我们认真做了计划，现实中大部分情况下也会告诉我们，我们的计划是错的。既然如此，我们为什么还做计划？易中公司的合作伙伴 Haufe 公司总经理 Hopfner 先生对此有一个说法：**计划就是用错误取代偶然。如果我们不做计划，我们只能听从命运的摆布。如果我们做计划，我们只能犯错误。犯错误总比听从命运的摆布强，因为我们能从错误中学习。做计划能让我们为未来做准备；做计划能让我们充分利用手中的资源，及时要求和补充完成计划需要的资源；做计划能让跨部门的合作更容易进行。**不做计划，我们无法及时为未来做好准备，也无法知道我们为什么达不成目标。

如何才能做好计划？我建议您做到以下 7 点：

1. **不要害怕计划错误。**计划肯定不是现实，但计划却是实现目标的路线图，有计划永远比没计划好。

2. **从远到近，从粗到细做计划。**从 3 年到 1 年计划，再从 1 年到 1 个月计划。从计划远期的大目标和所需资源，到计划近期的保证实现目标的所有具体行动。

3. **关注计划的两个关键点：一个是计划的逻辑性，一个是计划中的行动。**没有行动的计划是没有意义的计划，没有逻辑的计划是愚蠢的计划。计划的过程就是管理者梳理自己管理逻辑与行动的过程。

4. **离现在越远，改变行动带来的效果体现就越大**。所以计划不应该平分年度目标，而是越到后来越大（季节因素的影响除外）。

5. **不断（例如每月，甚至每周）根据具体情况对计划中的行动做出调整**。并根据调整对未来预测，再根据预测重新推敲当前行动，这是做计划的本质。正因为计划不可能正确，计划的过程就是学习的过程，是根据计划后实际发生的情况持续做调整的过程。

6. **在正常的计划外，还要有创新计划**。正常的计划只能带来正常的结果，有时甚至带不来你想要的结果。只有尽早地实验一些创新的做法，才有可能实现目标。

7. **不做计划的奴隶**。任何计划都有其局限性，都是根据当前所知的情况做出的最好选择。如果以前计划中的行动被证明没有效果，就勇敢地放弃。如果有新的机会和可能性，千万不要因为不在原来的计划中就忽略掉。

9
计划不能落实的5个原因

计划本身就不可行；计划虽然可以实现，但完成计划需要的资源没有及时匹配到位；虽然完成计划需要的资源及时到位了，但资源质量很差，有等于没有；虽然计划和资源匹配都合理，但公司或部门的领导能力有问题，不能让资源发挥作用；过高估计创新短期带来的效果。这些原因导致了公司和部门的预算计划无法落实。

转眼又到年底了，我受邀参加客户的2011年年终总结和2012年预算会议。从这个公司前9个月的实际结果推算，年度预算最好情况下也只能完成80%。而这并不是我见到的计划性最差的公司。有意思的是有些部门的预算超额完成了，而有些部门预算只有50%～60%的完成率。

为什么大部分公司和公司内部门年初定下的预算计划无法完成？我认为是以下5个原因导致公司或部门的计划不能完成。

1. 计划本身就不可行。

2. 计划虽然可以实现，但完成计划需要的资源没有及时匹配到位。

3. 虽然完成计划需要的资源及时到位了，但资源质量很差，有等于没有。

4. 虽然计划和资源匹配都合理，但公司或部门的领导能力有问题，不能让资源发挥作用。

5. 过高估计创新短期带来的效果。

预算得不到落实的根本原因是计划本身并不可行。这样的公司通常会根据老总的意愿拍脑袋给出第二年的目标，但因为没有经过充分的讨论，这些目标通常是不切实际的。对一个部门来说也一样，如果目标没有经过部门充分讨论，目标不被员工真心接受，部门计划是无法实现的。这是预算得不到落实的第一种情况。

第二种情况是计划本身经过讨论，大家都认为可以实现，客观看也是可以实现的。但公司或部门无法及时把完成任务需要的资源匹配到位，本来可以做到的最终没有做到。这里所说的资源可能是完成计划需要增加的员工，可能是得到客户需要的渠道，也可能是技术设备方面的投入。很多高速增长的企业的一个大问题就是人员不能及时到位。人手不够，任务也就不能按计划完成。这种情况，我们经常犯的错误是不做资源规划，不给支持部门提前量，不“管理”支持部门，以为资源只要需要就可以随时得到。

第三种情况是虽然资源到位了，但质量有问题。这很容易理解。例如，我们需要的人到齐了，但这些人没有做好工作需要的能力和知识，还是不能解决问题。在人员能力培养上，我们必须给出提前量，不能以为员工招来就可以马上使用，就像建工厂、买设备需要提前量一样。根据工作性质的不同，对新员工必须有 3 ~6 个月甚至更长的培训期。

第四种情况是上述三点本来都可以做到的，但公司或部门的领导没有相应的管理能力。不能搞定这些原本可以搞定的事情（做计划、配资源、管理资源质量）。而管理能力的培养需要更长的时间，企业又没有足够的管理人员储备。

最后，过高估计创新短期能带来的结果，过低估计创新过程需要的时间。大部分公司和部门最不确定的计划是关于以前没有做过的事情，复制计划容易完成，但创新计划很少在原定时间内完成。因此，很多人的做法是因为其不确定性根本就不做创新计划，但这将大大伤害公司和部门的长期利益。在创新计划和创新管理上，我们既不要高估其短期效果，也不要低估其长期效果，一个公司和一个部门长期和大规模的增长根本上只能来自创新。

如何保证预算和计划目标的落实？我有以下 5 条建议。

1. **认真做计划。**Plan is nothing，planning is everything。计划本身不重要，重要的是计划过程。要保证预算和计划过程中上上下下的参与，上上下下的沟通，上上下下最终对计划的认同。

2. **认真做资源配置计划。**讨论清楚完成计划需要多少人？需要什么样的人？需要提前多长时间？需要多少投资？需要什么方面的投资？

3. **不仅关注资源的数量，更要关注资源的质量。**没有合格的人，没有合格的技术，没有合格的设备，任何计划都无法落实。

4. **尽早系统地培养管理者，给管理者成长留出足够的时间。**

5. **创新的事情要做三年规划，而不是一年规划。**第一年要小心，第三年可以大胆。

⑩
企业增长的3个源动力

做企业的本质是什么？让企业成长的动力源到底有几个？我自己和我咨询过的客户给出的答案是只有三个，那就是客户、员工以及产品。有时候，一些企业会认为除了客户、员工及产品这三个维度还有渠道这第四个维度，但在我看来渠道不过是客户维度上一个非常重要的子维度罢了。

在一个客户的年底战略研讨会上，我请在场的二十几位中高层管理者对过去一年的工作做个总结，请他们用红纸条写出他们认为公司做得好的地方，用蓝纸条写出做得不好的地方。半个小时过去了，大家林林总总写出了四五十条做得好的，也写下了四五十条做得不好的地方。然后我请老总根据大家的意见做总结。他把好的地方归纳成了10条，把不好的地方归纳成了15条。我问在场的人："根据这个总结，你们知道明年该干什么吗？明年工作的重点是什么？"

大家想了想，觉得还是太多，从这25条中看不出来未来的方向和重点。我又问大家："如果我们把这些条款只归结到三个方面，这三个方面应该是什么呢?"大家讨论了一会，最后有一个经理站起来说："如果我们归纳成4~5个方面，好像还能做得到，但只有三个方面，似乎做不到。"我说："让我们一起试试吧。"我在白板上画了一个奔驰的圆环，在大圆内三条线分成的三个框里分别写下了客户、员工、产品三个词。然后我让大家把写下的几十条总结意见逐条放了进去。

这个公司的老总非常兴奋，他对我说："在您以前的课上曾经提到毛主席的说法，那就是打胜仗靠两个"结"，一个是团结，一个是总结。我们的团队很团结，我们也很重视总结。但我们以前都以为总结得越多越好，但却因此不知道真正的好是什么，总是在一些皮毛的事情上打转转。您带我们往少了总结，让我们抓住了问题的本质。其实我们去年的增长就是因为在员工维度上做得比较好，我们明年也还要继续在这个维度上做得更好，并且改进另外两个维度上的做法，我们明年的增长是可以算出来的，我们更有信心了!"

不仅打胜仗要靠总结，经营和管理企业一样靠总结。但很多人不知道该如何做总结，就像这个例子中的企业管理层那样。大家往往错误地认为总结越多越好，其实很多的总结是知其然不知其所以然，抓不到问题的本质。因为抓不到本质，在未来的行动中往往不能复制自己真正重要的成功，也不能矫正自己真正需要矫正的错误。

做企业的本质是什么？让企业成长的动力源到底有几个？我自己和我咨询过的客户给出的答案是只有三个，那就是客户、员工以及产品。如果您的企业增长了，肯定是您在这三个维度上某些地方做对了。如果您的企业徘徊不前，也肯定是您在这三个维度上没有完全做对。有时候，一些企业会认为除了客户、员工及产品这三个维度还有渠道这第四个维度，但在我看来渠道不过是客户维度上一个非常重要的子维度罢了。

企业的增长不外乎来自这三个方面，而改善每一个方面的做法不外乎增加数量和提高效率。例如，企业在一段时间内的增长可能来自员工数量的增长，但在另外一个阶段则可能来自员工效率的增加；有时企业的增长来自客户数量的增长，有时则来自客户价值的增加；有时增长来自产品数量的增长，有时来自产品效能的增加。

时时刻刻，我们都应该盯着这个增长盘问自己：我还能采取一些什么措施，还能做一些什么创新来实现这 $3 \times 2 = 6$ 个方向上的增长？每当您发现一个新的可行的做法，您就能让您的企业再变大一圈。

⑪ 做好流程管理的6个建议

不要把任何问题都看成是流程问题，而是要根据管理的逻辑，找出自己真正的问题。管理的逻辑是你的战略（做什么，不做什么）>你的模式（如何做），模式>组织（如何分工做），组织>人事（如何找到合法的人做合适的事情），人事>流程（对过程的管理），流程>日常管理。上面出了问题，在下面找原因，是无法真正解决问题的。

《赢在战略》开课时我的一个标准“流程”是：1. 让参课的老板拿出手机来；2. 把手机关机。一次课上深圳的一个老板告诉我：他不用做这个动作了，他的手机本来就是关闭状态。我好奇地问为什么他不像别人一样让手机开着。他说他只要开手机，就会接到客户的投诉电话，不是抱怨没有按时收到货，就是抱怨货物质量有问题，所以他不敢开手机了。

为了解决这个问题，他请了一个擅长做流程梳理的咨询公司做诊断。咨询公司诊断后得出的结论是他公司的内部流程有问题：采购和生产衔接不上，生产和物流衔接不上，物流和销售衔接不上，所以质量出问题，交货期出问题，以及两者都有问题。咨询公司建议帮助他进行流程全面梳理，要他为此付出超过50万的咨询费。他觉得这个费用有些高，就想通过上我的课学习如何管理流程，自己解决问题。

这是一个典型的例子：说它典型，一是因为我们很容易把一切的管理问题归结为流程问题，因为事情结果不好，过程管理（流程）肯定有问题。二是因为咨询公司通常会把事情往自己擅长的方向归纳，就像心理学家说的，一个手里拿着锤子的人眼里到处都是钉子。

我给这个客户的6个建议也是我给您的关于流程的建议：

1. **不要把任何问题都看成是流程问题，而是要根据管理的逻辑，找出自己真正的问题。**管理的逻辑是什么？管理的逻辑是你的战略（做什么，不做什么）>你的模式（如何做），模式>组织（如何分工做），组织>人事（如何找到合适的人做合适的事情），人事>流程（对过程的管理），流程>日常管理。你的战略错了，再好的模式也没有用。你的模式错了，再好的组织也没有用。你的组织错了，再好的人也没有用。人用错了，再好的流程也没有用。流程错了，再辛苦的日常管理也没有用！**上面出了问题，在下面找原因，是无法真正解决问题的。**

2. 如果你把前面的事情（战略，模式，组织，人事）理顺了，流程就会成为你带着你的管理者最需要梳理的事情，管理的理在这个时候就是理流程。流程理顺了，你和你的管理者才不需要处处救火，次次临时做决定，你的业务才可以复制，质量才可以得到控制，跨部门的合作才不会每次都出问题，每次都需要你协调。从这个角度看，**梳理流程是非常重要的一件事情。**

3. 如何落实一件事情？我们习惯的方式是把事情布置给我们信任的某一个下属。如果一件事情真正重要，更好的做法是**为此设置一个岗位**，让这个事情有人专门负起责任来。如果对你的企业来说流程梳理和管理很重要，建议你设置多个流程管理员岗位。一个部门内的流程管理员负责梳理和管理部门内的流程，跨部门的业务流程则直接由老板或高层管理者领导的流程管理员管起来。重要的流程管理可以由副总兼任管理员。

4. 好的流程来自哪里？我认为最好的来源是**来自公司内做法的提炼，来自员工最佳实践的总结**（咨询顾问称之为 Best Practice）。很多老板眼光在外，总想从别人的公司，从大公司学习好的流程。但外部流程最大的问题是它大部分情况下不适合你的企业。鼓励员工和管理者创造效率更高的流程，让流程管理员持续梳理并优化这些流程才是更好的做法。

5. **好的流程一定是简单和容易执行的流程。**一些老板和高层管理者总抱怨员工不按定好的流程办事。如果大部分人不愿意执行一个流程，我们最需要问的不是员工有什么问题，而是流程设计有什么问题？通常问题会出在我们设计的流程过分复杂，另外我们没有设计一些工具帮助员工更容易不走样地实现流程。让流程无法执行最简单的办法就是把流程复杂化，只有设计者明白，其他人都弄不明白。

6. **好的流程一定是客户导向的流程。**流程管理很容易把目光聚焦在内部事务上，很多流程让所有内部人都觉得很好，但流程设计却忘记了不在现场的，没有人代表的那个最重要的人：客户。任何流程设计的出发点和终点都应该是客户，都应该围绕客户满意度和客户价值的提升进行。方便公司内部不方便客户的流程都不会是好流程。

【第2篇】管理组织

⑫ 组织如何分而治之

当公司有一定规模或者徘徊不前的时候，宁可有“错误的分”，也不要“不分”。只有分，公司才能成长；只有分，才能把事情做得更好；只有分，员工才能有成长的空间。

女儿参加了60周年国庆庆典活动，和几万名中学生一起，在天安门广场上为阅兵和庆典仪式构造了丰富多彩的“大屏幕”。而8万人参与长达两三个小时的活动，从电视机画面上居然看不到丝毫的差错。演出结束回到家，妈妈关心的是她半夜两点多就到广场上是不是太冷太困；而我出于职业习惯，问她**导演如何把这么多人管理得那么井井有条。**

她的回答很简单：**把人分了，就好管了。**

管理的道理其实就这样简单：管理就是分而治之。我们通常都不害怕管10个人。因为10个人我们能够看得见，管得住。但是管理100人、1000人、10000人、1000000人？我们越来越恐惧和不知所措。但管理 100 个人和 1 万个人的差别并不大，关键是我们学会分而治之。

有一次去德国拜访一个合作伙伴，我问这个公司的总经理，他是如何把一个子公司的销售额从七年前的 2000 万做到今天的 7 个亿的。他说其实很简单：这个公司以前就有很多很好的产品，但是没有专门管单个产品的产品经理，所有人都在做所有产品，结果每个产品做得都不太好。他来了，把产品分给几个产品经理管，每个产品的销量就上来了，产品质量也更好了。

他成功的秘方不是别的，就是分而治之。

一个管理者把自己的事情做好的关键是什么？是能分清什么事情应该自己做，什么事情应该分给别人做。这是分而治之。

一个部门领导管理好自己部门的关键是什么？是弄清楚自己部门的事情能够分成几大类，并且把这些不同类别的事情交给擅长这类事情的下属去处理。这也是分而治之。

一个公司的领导管理好公司的关键是什么？是知道自己公司如何划分成不同的业务部门和支持部门，并且为这些部门找到或者培养合适的管理者。这还是分而治之。

管理就是分而治之。分而治之的关键一方面在于“分”，另一方面在于“治”。

如何分，是有效管理的一个关键。失败的管理者要么“不分”，要么“错误的分”。正确的划分要求管理者十分清楚自己职责范围内应该做的全部事情，并能够判断这些事情的轻重缓急。一个部门的问题往往是部门经理不清楚自己部门都需要做什么样的事情，以及这些事情的重要性，因而把自己和部门内人员的精力浪费在不重要的事情上。

在公司层面，“分”的关键在于深刻理解公司的产品和产品领域，以及反省和划分公司的客户类别（大客户 vs 小客户，老客户 vs 新客户，活跃客户 vs 沉默客户等）。通常每种划分方式都有其优点和缺点，在最高层面是以客户为主线还是以产品为主线进行划分各有利弊。但我们要知道的是，通常分比不分好。**当公司有一定规模或者徘徊不前的时候，宁可有“错误的分”，也不要“不分”。只有分，公司才能成长；只有分，才能把事情做得更好；只有分，员工才会有成长的空间。**

很多管理者之所以不愿把公司或部门“分而治之”的原因是害怕“分而不治”。**如何治，是“分而治之”能否成功的另一个关键。**大多的管理者走了第一步，却忽略了第二步，这样做是不会有好结果的。如何才能分而“治”之？

“治”的第一个关键在于“分”后的目标管理，在于目标的细分。“治”的第二个关键在于激励机制，在于旨在鼓励员工完成目标的合理激励。“治”的第三个关键在于让所有人都理解，“分”最终的目的不是“分”本身，而是整体，让所有人都关注整体。

管理就是分而治之。如果没有分而治之的管理，60 年庆典那样整齐的大场面是无法想象的。同样，没有持续不断的“分而治之”，也不会有不断长大的企业。

⑬

如何设计合理的组织架构

组织只要出现某些差劲的征兆，我们就要去改变企业的组织架构，改变业务流程，改变岗位设置，这样我们才能够有效地完成任务。

组织实施，就是怎么去设计自己的组织结构和流程。在这个过程中，管理者需要回答下面三个问题：

第一，怎么设计，才能让组织更好地满足客户需求。

第二，怎么设计，才能让员工更好地完成任务。

第三，怎么设计，才能让高层更好地完成任务。

在创业的时候，我们不需要一个很完整的组织结构，可能是每一个人都要做每一件事情。但是当企业有了规模的时候，我们通常会按照不同的功能来划分每一个部门，形成一个功能式的组织结构。

当企业经营的产品和领域多了之后，我们会把企业按产品或者业务领域来划分部门，这种结构会强化每个产品或者业务领域，但对功能的强调弱化了。

再进一步发展，企业可能会采取一个矩阵式的组织结构，它的表现形式是横线是产品，竖线是功能。那么我们做的每一件事情都需要两条线的协调。

当然，当企业发展到更高阶段的时候，我们可能又会把组织结构推倒重来。

总而言之，**我们要在不同阶段去寻找适合企业完成任务的组织架构**。

大的组织架构完成了，那么我们怎么把事情具体到个人呢？有一个很简单的办法就是所谓**转换矩阵**。首先，把任务列出来；其次，设计一些由具体的人来负责的岗位；第三件事情是想办法把要做的事情和这些岗位配合起来。通过这种转换矩阵，我们就可以把任务与岗位和个人相匹配。

作为一个管理者，如何判断一个组织是好还是坏呢？实际上一个**差劲的组织有很多的征兆**。

第一个是**设置过多的层级**。一件事情需要层层批准，那么可以想象，做事情的效率会大打折扣。

第二个是**大量的跨部门协调**。每一次为一点小事就要召开大量的会议去协调。

第三个是**召集大量的人员开大量的会议**。好的组织应该尽量减少跨部门沟通，也就是说一方面我们要强调企业内部的沟通，同时我们不要为了沟通而沟通。

第四个是**同一职位上的人员过多**，造成三个和尚没水吃。

第五个是**所谓的助手或者是协调人增多**。企业里经常出现这种情况，一个老总和一个部门经理往往没有把事情分派给固定的岗位或者具体人，而是让这个助手管这件事情，让那个助手管其他的事情。这样做的坏处是，助手手中有很大的权力，但是这些人却通常不必为这件事负责。助手越多，事情就会越乱。

第六个**是设置的一些岗位不合理，**这个岗位负责做许多工作，但每样都是一点点。

只要出现以上这些差劲的征兆，我们就要去改变企业的组织架构，改变业务的流程，改变岗位设置，这样我们才能够有效地完成任务。

宋博士管理微博

◎企业很多问题能得到解决，但往往过一段时间又回到以前的状态。原因通常是老板管了，员工就做了，一旦老板不关注了，事情就又复原。让问题得到持续解决的关键是理，不是管。理顺要做的事情，理顺职责，理顺流程，理顺激励，理顺监督机制，远远好过老板事必躬亲地管理。

◎要保证一个制度得到有效贯彻，就要把制定制度的人、执行制度的人，以及被制度约束的人，用一定的利益关系挂起勾来，紧密联系在一起。

⑭
管理者也应该学习"井冈山精神"

理念、制度、尊重、创新和坚持这些"井冈山精神"元素，都是企业管理中最重要的元素。指导红军从失败走向胜利，从弱小走向强大的井冈山精神，也同样是指导企业从弱小走向强大，从挫败走向成功的方法。

年中是我们易中"抬头看路"（**注：总结上半年工作，落实下半年任务**）的时候。一晃半年又要过去了，公司的同事建议去北京周边做拓展活动，然后一起研讨公司战略。我突然想起几个去过井冈山的企业家朋友对井冈山之行都赞不绝口，就决定把这次活动放在远离北京的江西井冈山。

带领我们拓展的文老师和接待我们的江西省组织部培训中心黄总为我们设计了非常有意思的"找寻"活动，包括听老红军的后代做报告，走当年红军战士艰难的挑粮小道，观赏令人震撼的大型实景演出，以及爬让我们精疲力竭的笔架山。

贯穿在这些活动之中的是三次绘画，每次绘画的主题都是"我眼中的井冈山”。随着停留时间的增加，我们对井冈山的理解也在逐渐加深，开始对井冈山青山绿水的赞叹越来越多地被红旗、北斗星、火把、叉路和象征困难的高山所替代。在这个过程中，每个人也越来越深地理解了“井冈山精神”。老师布置的最后一道活动题是让大家找到、背诵和默写“井冈山精神”，一行十一个人居然没有人出错。

没有来井冈山之前，我并不理解井冈山为什么那么重要。现在明白了。井冈山是共产党革命武装斗争的起点；在井冈山，共产党第一次有了弱小但完全是自己指挥的武装力量；在秋收起义失败后进行的“三湾改编”中，毛泽东为红军设计了一套完全不同于国民党军队的管理和指挥制度；正是井冈山的星星之火燃遍了中国大地；从井冈山出发，共产党经过了二十二年的坚持，终于在一九四九年取得了彻底的胜利。

什么是井冈山精神？1965 年毛泽东重上井冈山时曾经问周围的人。有人回答是“艰苦奋斗”。毛主席说，这一条对，但还要加上两条：一条是“把支部建在连队上”，另一条是建立“士兵委员会”。

什么是井冈山精神？拓展老师给我们的标准答案是江泽民总结的 24 个字：“坚定信念，艰苦奋斗，实事求是，敢闯新路，依靠群众，敢于胜利”。

艰苦奋斗是在讲精神，而精神的来源是信念，是信仰。只有真正的信仰能够支撑一个人在打了败仗、队伍从 5000 人减少到 700 人的时候，其跟随者还能想象有一天自己会解放全中国。一个企业也要像一支队伍一样有精神支撑。有信仰的企业才能在遇到困难和跌入低谷的时候不放弃、不逃避。

“把支部建在连队上”则是在讲制度。这样的制度让共产党的队伍保持了高度一致，而不像国民党军队那样四分五裂，每个人都为了一己利益而不顾全局。一个企业合理的制度同样是企业取得成功的重要保证。

建立“士兵委员会”是讲尊重，是建立尊重人的制度。只有尊重每一个人，才能激发每一个人的动力和热情。只有“依靠群众”，依靠每一个员工，企业才能取得持续的成功。

敢闯新路是井冈山精神重要的一环，而实事求是则是闯新路取得成功的必要条件。**一个企业也必须不断创新，敢闯新路，才能在激烈的市场竞争中有自己的一席之地。**

拓展老师给我们布置的另一个有意思的作业是，给自己写一封信，他们给我们寄回去。我给自己写的一句话是：“当你未来遇到困难，想放弃和逃避的时候，想想井冈山，重上井冈山。”

我相信，理念、制度、尊重、创新和坚持这些“井冈山精神”元素，都是企业管理中最重要的元素。指导红军从失败走向胜利、从弱小走向强大的井冈山精神，也同样是指导企业从弱小走向强大、从挫败走向成功的方法。

⑮ 管理就是每天进步 1%

每天进步 1%，这种做法实际上是很多世界冠军的成功之道。

可怕的只是两件事：第一是为了避免出错而不做事情，不做实验，这是官僚的做法，是不求上进的人的做法。第二是出了错不承认，不改正。

没有最好，只有更好。这句广告语非常正确。

很多朋友问我，每天这么多事情，我这么忙，这么多头绪，如何才能做好管理？我的答复是：其实非常简单，就是不断改进，每天改进一点，日积月累，一个公司的管理就会好起来，每天解决一个小问题，时间久了，就能解决大问题。

有些公司有一个口号，就是“每天进步 1%”。如果真能这样做，一个人一年下来进步会是非常非常大的。**每天进步 1%，这个做法实际上是很多世界冠军的成功之道**。很多运动员、教练员就是用这么简单的办法，实现了冠军梦。我们不要奢求一下子达到什么水平，那是不可能的事情。但是，每天进步 1% 是完全可能的。比如，你每天多做一个俯卧撑，那么体能就会增加，在不经意间增加。日积月累，一个人能做到的事情可能连他自己都会吃惊。

这里我也想明确一个观念：**一个人犯错误绝对不是罪过，而是给他提供了改进的机会**。改进的前提是做事，而要做事，就很有可能犯错。错误一点也不可怕，可怕的只是两件事：第一是为了避免出错而不做事情，不做实验，这是官僚的做法，是不求上进的人的做法。这样的人和态度在企业里是要不得的。第二是出了错不承认，不改正。**在管理上，实验是检验对错的唯一标准，做错事情只要认识到错了，只要改正就可以了。每一次改正，都是一次非常好的学习，都是管理上的改进。**

:: 宋博士管理微博

◎我的一位农民出身的客户，第一个十年将自己的公司做到了两千多万，第二个十年做到了两个多亿。我相信这是证实复利理论正确的又一个实例，而且是我们身边的例子。坚持做，即使每年增长一点点，时间久了，也会做出让你自己吃惊的事情。巴菲特的年投资回报率达到25%并没有什么了不起，但他50年都做到这一点就很了不起了。

16

用数字提高执行力

初级管理者只会做定性的管理，他能说出一件事情的好坏，却无法判断好坏的程度；中级管理者能够根据数字定量地判断事情好坏的程度；而高级管理者则能做到“心中有数”，能够把那些重要的数字和这些数字之间的关系烂熟于心。

“眼中无数”、“眼中有数”和“心中有数”，是管理的三个境界。在一定程度上，一个人提高管理水平的过程就是提高对自己业务相关的数字理解和驾驭的过程。

我曾收到过一封请求帮助的邮件。客户的问题是这样的：

年底时他给员工制订了新一年的激励方案，等到了部分兑现的时候，他却突然发现，如果按承诺的方式支付奖金，公司是亏损的。他想问我的是，承诺的奖金照发呢，还是向员工解释一下，公司亏损了，不能发奖金了？

我的答案是不言而喻的：即使自己吃亏，老板也要按照承诺去发放奖金。否则，老板在员工心目中就失去了最宝贵的诚信。正想给这位老板回信时，又收到了他第二封邮件。大概的内容是：不用回复这个问题了，他发现自己的账算错了，他把一个关键数字小数点弄错位了。

在您的公司，可能很少发生这样算错账的事情。但是**很多管理者并不真正了解数字对于管理的意义，更不会使用数字让自己的管理精细化，以提高团队的执行力。大部分管理者的思考方式和管理方法是定性而不是定量的。**

以我们自己为例，《易友》每月印量的确定就是一件让我的同事们十分头痛的事情。除确定的现有订户外，有大量还不确定的新订户，营销活动中给客户的试读数量，邮寄途中丢失后给客户的补寄数量，等等。若不关注具体数字，每个月就只能拍脑袋做决定：这个月不够用，下个月就把印量增加，结果是下个月的库存随之增加；为了减少库存，就减少印量，结果下个月又不够用了。

解决这个问题以及很多其他管理问题唯一的办法就是学会用数字管理。**日常管理中大部分的决定，不是做与不做的决定，而是做多做少的决定，正确的决定取决于我们对“度”的把握。对你要管理的事情细化和量化，能帮助我们做好“度”的把握。**而不把一件事情量化，就只能很笼统的用优秀、良好、及格和不及格这样的词汇来管理。有了数字，就可以将管理的精确度提高到无限大。

作为管理者，我们都知道每天进步一点点的力量。但要想让我们每天进步1%，就必须尺度量化，让我们和员工都知道1%是多少。

在我的一个培训课程里，我曾经把“报表”作为管理者非常重要的一个工具提出来。而“报表”就是对工作结果的数字化描述，例如一种产品销量的高低，一个部门对公司毛利润的贡献等。有了量化的报表，管理者就能够清晰地知道业务真实情况，也能够据此给员工清晰的指令。

我相信，**优秀管理者和普通管理者的一个重要区别，在于前者学会了数字化的管理，而后者不会**。也许管理水平的高低可以这样来划分：初级管理者只会做定性的管理，他能说出一件事情的好坏，却无法判断好坏的程度；中级管理者能够根据数字定量地判断事情好坏的程度；而高级管理者则能做到“心中有数”，能够把那些重要的数字和这些数字之间的关系烂熟于心。“眼中无数”、**“眼中有数”和“心中有数”，是管理的三个境界**。在一定程度上，一个人提高管理水平的过程就是提高对自己业务相关的数字理解和驾驭的过程。

有一期《易友》的专题是“如何挖掘新客户”，这确实是每个高层管理者都必须关心的难题。不会使用数字管理的人，可能会意识到挖掘新客户的重要性，并且不遗余力地向员工推销挖掘新客户的重要性。但是，更好的做法是把挖掘新客户这件事情加以量化管理，例如和相关的销售人员制定挖掘新客户的目标，并且对这些目标的完成加以激励。

具体而言，想在挖掘新客户上取得进展，至少应该关心两个数字：一是一段时间内新增客户数量；二是新客户占您收入的比例。盯住这两个数字，每天提高1%，就会让业绩有飞跃式的提升。而提升的关键，就在于我们学会了用数字管理，用数字提高执行力。

17
管理就是讲故事

通常，那些智慧的企业家和管理者自己就是故事，就是榜样。同时，这些人在不断地学习，用新故事教会周围的人认识新事情和温习那些永远不变的道理。

2001年，我开发了自己第一门管理培训课程：《成功战略——企业成功的八大原则》。这个课程后来做成了光盘教程，它应该是网上盗版比较多的管理教程之一。我曾用Google搜索过，有243000多个搜索结果。我的朋友告诉我，把几个主要盗版网站的下载量加起来，有百万之多。而易中公司的正版光盘，仅仅是整个“市场”的几分之一甚至是几十分之一。（这可能是很多老师宁愿辛苦地讲课，也不愿把自己的课程做成产品的主要原因吧。）

因为是第一个课程，我花费了大量的心血做准备。但让我吃惊和恼火的是，在我的课堂上居然有人睡觉（他可是花了不少钱来听课的呀！）。在课后的交流和学员反馈中，我发现大家都很认同我总结出的战略原则和我的逻辑分析判断能力，但认为我有一个突出的缺点：讲课缺乏激情，不会讲故事，不会用故事吸引人的注意力。当时给我留下深刻印象的是广州的一个客户（他当时营业额是几个亿，现在几十个亿，是一个相当知名的企业家）课后对我说：你的脑袋值几个亿。如果你会讲故事，让大家更容易理解你讲的东西就好了。

在我的第二个培训课程《有效管理者的八大工具》里，我就非常用心地准备了大量的管理故事。准备这个课程，当时最困难的就是寻找合适的管理故事。一个人的经历毕竟有限，自己的故事很快就讲完了，而市场上没有人提供故事素材，因为当时讲故事还似乎是一件登不上大雅之堂的事情。**（今天就不一样了，有了非常畅销的管理故事书，在网上我们也可以很容易找到很多管理故事。当时我在课程里讲三个泥瓦匠的故事，几乎还没有人听过。如果今天还给人讲这个故事，别人可能嘲笑我在讲一个老掉牙的故事。）**

故事多了，课堂上睡觉的人少了。特别是当我说："下面我要给大家讲个小故事，来说明我想说的道理"的时候，那些走神的学员也都睁大了眼睛。

为什么会这样？因为大道理大家都听过了。天底下没有新鲜的道理。但天底下天天都有新故事在发生。我悟出的一个道理就是：**管理其实就是讲故事，管理就是用故事影响人。**

看看我们周围，**不少企业家和管理者都是讲故事的高手。**我的意思不是说，好的企业家都是好的演讲家，都很会讲话（我见过许多不很会说话但业绩很好的企业家）。而是说，**这些人善于运用故事去说服人，善于用故事、用榜样让人明白一个道理，而不是简单地说教和抱怨。**通常，这些智慧的企业家和管理者自己就是故事，就是榜样。同时，这些人也在不断地学习，用新故事教会周围的人认识新事情和温习那些永远不变的道理。

18 管理就是正面思维

真正的人才，不是能够评判是非、指出对错的人，因为几乎每一个人都能做到这一点，真正的人才是能够让事情变得更好的人。

管理就是要我们每天想办法把坏事变好事，要我们遇到事情不要去抱怨，而是想办法去改变。像那句流行的话说的一样：不为失败找借口，要为成功找方法。道理我们都明白，但大家遇到的问题是，如何让自己正面思维，如何让我们的员工学会正面思维。

这个时候，我觉得最有效的办法还是讲故事，通过故事讲道理，通过故事让我们得到触动，通过触动而改变行为。曾经，我的一个同事负责 xue24 平台的推广工作。做着做着，他觉得问题很大，推不开，就回过来跟我抱怨，抱怨了很多。抱怨的基调无非是说，我们的产品还有很多很多的问题，因此他很难做出成绩来。他说得对不对呢？肯定对。同时，他肯定也错了。他错在什么地方呢？他错在笼统地说这件事情，他在笼统地说我们的产品不好。如果一个人笼统地抱怨产品不好的话，那实际上是负面思维。我们如果不去一一解决这些具体问题，那么坏事永远还是摆在那里。**正面思维是什么？就是指出具体是什么地方不好，这样我们就可以改进产品。这样，一件坏事也就可能变成了一件好事。**

但怎么跟他说这件事呢？我们如何让一个员工明白“不要抱怨，而要改变”这个道理？给他讲讲下面的故事可能比你与他理论半天更要有效：

“我在加利福尼亚大学洛杉矶分校就学的时候，同许多攻读博士学位的学生一样，对自己的聪明才智以及对社会状况的深刻洞察力充满了自信，并引以为豪。我常常对自己超强的评判他人以及一眼就看出他们错在何处的能力惊讶不已。

弗瑞德·凯斯博士，既是我的论文指导教师，也是我的老板。我的论文主要内容均涉及洛杉矶市政的咨询项目，这是我走向咨询行业的第一步。那个时候，凯斯导师不仅是加利福尼亚大学洛杉矶分校的一名教授，还是洛杉矶城市规划委员会的领导者。仅就此而言，凯斯导师就堪称对我最重要、影响也最大的人。的确，他不仅为洛杉矶成为一个更好的地方做出了令人惊讶的贡献，也确确实实地给予了我莫大的帮助和指导。但对我最重要、影响最深的，却是他的一次忠告，那次忠告至今仍然在影响着我，而且以后还将继续影响着我。

尽管凯斯导师生性乐观开朗，但这天他看起来非常气恼。“马歇尔，你到底怎么回事？”他严厉地责备道，“市政厅的一些人常对我说，你在那里似乎很消极、易发怒、好评判，这究竟是怎么回事？”

“教授，你根本想不到，市政府的效率是多么低下，发展目标也存在着严重问题。”我愤愤不平地对我的导师说道，“那里存在的毛病实在太多了。”

“多么了不起的一个大发现!”凯斯导师揶揄道，“你，马歇尔·戈德史密斯先生，居然发现了我们的市政府是一个效率极低的政府，真不简单！但我还是要很不情愿地告诉你，马歇尔，街边角落的那个理发师早在几年前就告诉过我这一点，他和你有完全一样的发现，甚至他发现的问题比你还多。你还有别的什么让你烦恼的事情吗?”

凯斯导师的讥讽并没有吓倒我，我继续愤慨地指出，市政府的许多举措，都明显地偏袒那些曾经慷慨捐助的富人。这一次，凯斯导师笑了起来。“第二个重大发现!”他说道，“你的评判能力的确很高，你的眼光也非常锐利。但是，我不得不遗憾地再次告诉你，那个理发师也早就发现这一点了。我的孩子，我实话对你说，以你现在的状况，我恐怕不能给你颁发博士文凭了。”

他注视着我，脸上呈现出经历丰富的人才会具备的睿智神情：“我知道，你一定认为我老了，跟不上时代了。但请你允许我以一个过来人的身份说一下我的看法。我认为，你现在的言行，对将来有可能成为你的客户的人绝不会有丝毫帮助，对我和对你自己也没有什么帮助。现在，我可以给你提供两种选择：A）继续你的愤慨、你的消极、你的评判。如果你打算选择这一项，我会解雇你在市政厅的工作，而且，你永远也别想在我这里拿到博士学位；B）做一个能不断提出建设性的且具可行性的意见和方法的咨询家，而不是评判家，让事情因为有你而变得越来越美好。我的孩子，你选择哪一个呢?”

我最终回答道：“凯斯导师，我明白我错在哪里了。”

凯斯导师欣慰地笑道：“你是一个聪明的年轻人。”

我从凯斯导师那里学到了我一生中最重要的一课。**真正的人才，不是能够评判是非、指出对错的人，因为几乎每一个人都能做到这一点，真正的人才是能够让事情变得更好的人。”**

（摘自《做人与处世》2007.6，马歇尔·戈德史密斯/文）

这个故事对我那个同事有非常大的触动。此后，他给出的都是具体的建议了，推广工作也进步了很多。

前文提到，管理就是讲故事，但很多时候我们找不到合适的故事。创办《易友》杂志和 xue24.com 网络学习平台，我的一个目的就是为我的客户和自己提供和积累足够多、足够好的管理故事，帮助我们做好管理。

:: 宋博士管理微博

◎让一个人改变思路是非常困难的事情，尤其是当以前的思路还能用的时候。这时候，耐心，一次又一次，从不同角度说服是必要的。所以管理者必须像老师，必须婆婆妈妈。

让一个人改变习惯的思路是困难的，原因是以前的做法还好用。创造机会，证明改变做法能带来比守旧多得多的好处，这能帮助他改变。所以试验很重要，试点很重要，总结很重要。

19 一次组织调整：从销售团队到客户服务团队

大部分人不是不愿意改变，而是不知道要往什么方向改变，以及不具备改变所要求的新能力。管理者的任务就是让下属清晰地了解改变的方向并帮助他们尽快取得他们应该具备的新能力。

年底年初是调整公司战略、组织和人事的时候，每个公司都会根据上一年的总结重新布局。易中公司的重大调整就是把原来的销售团队完全变成客户服务团队，以期通过员工为客户提供全面的、更好的服务，实现客户、员工和公司的三赢。

我非常看好这样的转变，因为从道理上讲这是最好的做法：**客户被放在中心位置，员工不再是客户不尊重的推销人员，公司也能从客户和员工更高的忠诚度上得到相应的回报。**

但实际工作中，这样的转变会像所有的变革一样带来一堆新问题。这个转变中最容易的是岗位名称上的转变，最难的是心态的转变。岗位名称从销售变成客户经理，开几次会大家就记住了。但让过去一直相信自己的任务是“向和尚卖梳子”的销售人员心态上从销售导向转变为服务导向却是一个相当困难的事情。

为什么销售心态到服务心态的转变这么困难?

1. **认识问题**。很多人转变不了心态，是因为从心里不相信这样做是对的。改变这一点的做法是尽快做出样板来，让大家看到新做法的好处。认识上很多人把服务和销售对立起来，认为客户服务就意味着不能向客户卖东西。这样的人不理解销售其实也是服务的一部分，如果你有好产品，能够帮助客户解决问题，不给客户销售就是对不起客户。很多人认为售后服务是不得已的事情，能不做就不做，却不知道基于服务的销售是更好的销售，而且不必等到售后。

2. **惯性**。人总是喜欢用习惯的方式做事，哪怕这样的做法对人对己都没有好处。改变这一点的关键是帮助员工尽快找到新的做事模式（服务的模式），让他们养成新的习惯。旧习惯只有用新习惯取代才能被消灭。

3. **利益**。很多人害怕这样的转变给自己造成收入损失。改变这一点最简单的办法也是通过榜样让大家尽快看到改变的效果。

4. **能力**。即使经过宣讲相信新做法的人，很多人可能还是退回到从前，原因是自己没有按新方式做事的能力。销售人员通常培养了自己的销售技能，但新岗位要求他除此之外还要具备服务技能，要求他在一定程度上成为客户能够信赖的专家。这就要求他具备以前不需要具备的深入了解客户的能力，为客户提供简单解决方案的能力，全面理解公司产品的能力，了解所在行业发展趋势的能力。

如何才能帮助相关人员尽快调整心态？最关键的是两点：一是通过实验尽快帮助大家找到新的作业模式；二是通过传帮带，通过大量和岗位要求相匹配的培训让这些同事具备新能力，不让他们因为自己的能力问题退回到原来的模式和状态。

大部分人不是不愿意改变，而是不知道要往什么方向改变，以及不具备改变所要求的新能力。管理者的任务就是让下属清晰地了解改变的方向并帮助他们尽快取得他们应该具备的新能力。

:: 宋博士管理微博

◎一次头晕，去一个大医院，神经科主任给我看，诊断结果是神经紧张。其实我的病是颈椎病。人们往往用自己的经验，站在自己的角度做判断。

◎有人总结说过去的企业家成功靠胆量，今天靠管理。正确的说法应该是过去靠胆量，今天要加上管理。胆量现在依然重要，例如要有胆量放弃过去让自己成功的经验，不断创新。

◎为一件事负责和亲自做是两码事，但很多人不理解这一点。

◎不要让自己成为公司的瓶颈！很多老板的问题是，自己成了公司的瓶颈而不自知。很多高管的问题也是这样，自己成了公司发展的瓶颈而不自知。了解这一点，改变自己的角色定位，不停地学习进步，是突破自己这个瓶颈的办法。

⑳

绩效考核的10大误区

“绩效考核”不等于“绩效管理”，考核能让你发现问题，但考核却不一定能解决问题。

“绩效考核”等于“绩效管理”吗？在管理和咨询的过程中我发现大部分企业的老板都已经认识到绩效管理的意义，大部分企业也都在用绩效考核进行管理（《老板顾问》调查表明超过90%的企业都说自己有绩效考核）。但我同时也发现老板对用绩效考核的方式进行管理存在很多错误的认识，借此机会总结一下我看到的“绩效考核的10大误区”。

1. **相信“绩效考核，一考就灵”**。以前没有做过绩效考核的老板接触了绩效考核的思想之后会认为自己以前所有管理问题都是没有绩效考核、没有目标管理、没有量化管理造成的，因而对绩效考核的引入抱有不切实际的幻想。认为“绩效考核，一考就灵”，诸如员工的执行力问题、工作积极性问题、办事效率问题都能通过它得到解决。其实绩效考核只是众多管理工具中的一种或管理工作的一部分，只有系统地做好经营和管理的梳理工作（战略、模式、组织、人员匹配、制度、流程等），才能让绩效考核的作用发挥出来。

2. **用考核代替管理**。很多人把绩效考核的重点放在考核上，以为只要通过绩效约定让员工了解自己的目标，了解完成目标后的奖励和完不成目标后的惩罚，就不需要其他的管理了。但绩效考核管理的重点其实不是考核，而是利用考核进行管理。使用这个工具的管理者可以和员工明确其任务和目标，及时发现员工实现目标过程中的偏失，以便及时对员工给予必要的支持、帮助和管理。

在明确目标的情况下，一个员工完不成任务通常不是因为他不愿意完成，而是因为他不知道如何做才能完成。**帮助员工是老板和高层管理者义不容辞的责任，这是考核无法取代的。考核能让你发现问题，但考核却不一定能解决问题**。如果通过考核和辅导你发现一个员工根本不适合他现在的岗位，就需要做决定替换他。但这也不是考核的事情，而是考核之后要做的另一项管理工作。

3. **设计过分复杂的考核体系**。很多公司的绩效考核体系不能发挥作用，根本的原因就是设计的考核指标和考核体系太复杂，让管理者和被管理者都为了得综合高分而失去了工作重点。我建议对底层员工的考核指标不要超过3个，对管理者的考核指标不要超过5个。

4. **绩效考核体系要么不专业，要么追求形式主义**。不专业体现在指标和目标设计的不合理上，例如，指标和目标经常被随意改变；指标分配不当，一个人无法对他自己的目标负责等。与之相反的一个错误是追求形式主义，不把时间花在实质目标和指标的讨论上，而是做很多似是而非的表格、权重计算等。

5. **激励个人主义**。本质上绩效考核体系是一个激励机制，即把一个人的部分所得和他的业绩挂上钩。由于绩效要细分到个人，很多公司绩效体系的根本是激励个人业绩，而不是激励一个人关心他的团队和整个公司。这样的激励可能导致错误的导向。

6. **重短期，不重长期**。绩效管理的另一个误区是只重短期，不重长期。我们都知道，如果没有正确的引导，员工可能会为了短期利益而牺牲公司的长期利益，例如，为了一次成交欺骗客户。这一点在绩效体系设计中必须有充分的考虑。一个办法就是设计相应的晋升体系，把员工的长远利益和公司的长远利益结合起来。

7. **只考业务，不考支持**。大部分企业的绩效考核只针对业务人员，不考核支持人员（如技术、财务、人事、服务等）。我非常理解考核支持人员的难度，那就是其业务指标很难量化。但即使是这样，企业的绩效考核也应该是全面的。

8. **对考核的可能结果不做测算**。这样制定出的绩效考核方案会导致一些人的业绩提成由于一些偶然因素变得非常多，一方面企业会受不了，另一方面其他员工会觉得不公平，让激励变成了对少数人的激励。

9. **平均主义与老好人思想**。绩效考核的一个目的就是把员工工作做的好坏通过指标客观、量化和直观地表达出来，并根据员工贡献的大小给予事先约定好的激励。激励的本质是让做的好的人得到很多，让做的不好的人得不到或得不到很多。但很多绩效体系设计上存在平均主义思想，加上管理者执行中对一些定量指标打分有老好人思想，最终结果是绩效管理变成了走过场。这也是老板必须避免的一个误区。

10. **考核频率太高或太低**。考核频率过高，无法及时发现考核对象的问题并进行指导。考核频率过低，考核对象的工作无法和其工作成果对上，这两种情况的考核都没有意义。通常业务人员的考核频率应该比较高（月考核或季度考核），支持人员的考核频率应该较低（季度考核或半年考核）。

如何做好绩效考核？我的建议是：

1. 不要相信一考就灵，要和其他管理手段配合；
2. 用考核发现问题，用管理解决问题；
3. 底层员工考核指标不要超过3个，管理者考核指标不要超过5个；
4. 绩效考核要专业，但不要形式主义；
5. 不要激励个人主义；
6. 不要激励短期行为；
7. 既要考核业务人员，也要考核支持人员；
8. 对考核的效果（个人及公司层面）进行测算；
9. 杜绝平均主义；
10. 确定合理的考核周期。

[第3篇]

管理决策

21 如何处理管理中的两难问题

管理者一个重要任务就是做决定。决定有难有易。容易决策的是“80%问题”，不容易决策的是“50%问题”或者说两难问题。坚守自己做人做事的原则，养成做实验的思维习惯，让我们能处理大部分两难问题。

管理者每天都有大量问题要处理。我们的上司和下属，我们的客户和供应商都等待我们做出各种各样的决定。但尽管接受了很多训练和积累了大量经验，做决定还经常是管理者的一个难题。

有一些问题是我们通过调查、分析、讨论和思考之后，有八成把握做对决策的事情。这类问题考验管理者的是分析能力和实践经验。如果我们有足够的阅历，这类问题并不会让我们太伤脑筋。如果这么做我们能得到80%的成功几率，反过来做只能得到20%的成功几率，我们自然选择让我们能得到80%的方向。这类问题，我称之为“80%问题”。

让管理者头痛的是两难问题，我们几乎天天面临这些问题。

例如：

1. 年底时的奖金问题：给多了公司负担不起；给少了员工不高兴。

2. 是否要严格一个公司的考勤制度：考严了可能影响员工工作情绪；不严考，公司就没有规矩。

3. 是否要给产品在媒体上做广告：不做产品可能卖不出去；做了花的钱可能打水漂。

4. 是否要给客户回扣：不给可能得不到一个项目；给了又觉得超出了自己的道德底线，或者害怕将来会出事。

这些问题让管理者左右为难，无所适从。我们的处境，有点像伊索寓言中的那只驴子：想吃左边的草，但又怕失去了右边的草。想吃右边的，又怕失去了左边的。犹豫不决的结果，是看着两边的可以吃到的草而被活活饿死。

两难问题，就是我说的“50%问题”。这类问题的特征就是，无论你的决定是什么，都会失去另一半，做了决定，你也只能期望得到50%。但不做决定，你失去的将是100%。所以**管理者面临的问题不应该是做不做选择，而是如何选择的问题。**

我相信，两难问题是可以解决的，也是必须解决的。碰到两难的事情，我建议管理者从三个方面寻找答案：

1. 坚持原则，用原则做决定。

这个世界上的很多问题，是我们的贪婪造成的。如果我们给自己定下一些处理事情和为人做事的原则，我们会发现很多让我们两难的问题根本就不是问题。在前面提到的例子中，回扣的事情就属于这种情况。如果你的原则是“不行贿”，那么困惑你的问题就没有任何难度。**管理者成长的过程，就是不断给自己确定原则的过程。**

2. 对一件事情有不同看法时，用实验做决定。

管理上的很多问题，不是分析可以解决的，因为你无从分析；也不是讨论可以解决的，因为大家的意见截然相反；也不是经验可以解决的，因为你根本没有这方面的经验。如果是这样的情况，又不是原则问题，解决两难问题最好的办法是做实验，让实验结果告诉我们该往哪个方向走。例如前面提到的广告问题。很多人凭老经验做决定，浪费公司的钱。做个精心设计的实验，就能够让我们少花很多冤枉钱。

3. 当前两个方法都不适用时，Just do it！

很多时候，往左还是往右并不违背任何原则；同时，要做的事情也无法通过实验决定（要么因为我们没有时间做实验，要么因为实验的代价太高）。这个时候，我的建议就是那句广告词：Just do it！往左还是往右，并不重要，重要的是做出一个决定，才不至于像那只驴子，活活把自己饿死。不做决定，结果是零；做了决定，得到50%，无论如何优于零。决定了往一个方向走而非犹豫不决，这能让我们得到一个摸着石头过河的机会。哪怕是错误的决定，也能让我们根据行动的结果做调整。

管理者一个重要任务就是做决定。决定有难有易。容易决策的是“80%问题”，不容易决策的是“50%问题”或者说两难问题。**坚守自己做人做事的原则，养成做实验的思维习惯，让我们能处理大部分两难问题。**如果这两个方法都无法让我们做决定，**最后的办法就是不犹豫，做了再说。**

22 在已知选择之外，总还有其他选择

我们要发现正确的问题，要了解做决策的前提条件，要知道有什么样的选择以及选择之后的风险和后果，根据风险和后果来做出决策。

一提到管理者，很多人会想到管理者的第一个任务就是决策。我们要拍板，要定下来一些事情。照诺贝尔经济学奖获得者赫伯特·西蒙的说法，**管理本身就是做决策，做合理的决策，做正确的决策。**从这个角度来讲，我想决策作为管理者的一个任务是大家很容易理解的。那么问题是，我们怎样才能把这个决策做好呢？我们需要注意的是下面四个要点。

第一点，我们一定要弄清楚问题所在。我们往往是因为没有找到正确的问题，所以做出的决策是无效的。

第二点，我们尽量不要在逼迫的情况下去做出一个决策。在逼迫情况下做出的决策，通常不是好的决策。

第三点，我们应该了解，除了我们已知的选择之外，一定还有其他选择。做决策不外乎在不同的选择之中找出一个对我们最有利

且风险最小的。如果我们尝试去寻找一个其他的选择，通常我们会找到一个更好的决策。

我曾经有一个常年顾问客户——一家做涂料的公司。在我们开始讨论他的战略选择的时候，一直是在涂料本身做选择：是定位在高档的、中档的还是低档的涂料？但是后来，我们突然发现在涂料之外还有其他的选择。例如，是不是有可能进入到涂料这个行业的上端做原材料的供应商。如果这样去想的话，我们会发现这个市场上的机会可能完全不一样。涂料行业本身竞争很激烈，但是涂料的供应商的竞争相对来说弱得多。从涂料使用的角度考虑，我们也发现实际上在下端也有全新选择的可能。

第四点，决策本身是重要的，但是实施比决策还重要。

最后一点，决策的过程中，很重要的是要知道不同的意见。通用汽车的第八任总裁斯隆曾经说过这样的一句话，我高薪聘请一个高级的管理人员就是要他给我提出不同的意见。如果他们都是附和我的意见，那么我要这些人干什么呢？**正确决策的前提是要有不同的意见充分表达出来。**

要做一个正确的决策，当然要关注决策的程序。我们要发现正确的问题，要了解做决策的前提条件，要知道有什么样的选择以及选择之后的风险和后果，根据风险和后果来做出决策。做完决策之后是实施，实施之后是不停地反馈。根据这个反馈，我们去调整我们的决策。实际上要想做一个正确的决策，我们需要有这样一个完整的决策的流程。

需要提醒大家的是，**我们不要因为决策可能带来的风险而不去做决策，这实际上曾经是一个最大的错误。**杜拉克说：在成功的企业里，你总能看到有人曾经做出重大而大胆的决定。实际上很多的企业，他现在经营状况比较好，在一定的程度上是因为过去做出过大胆决策。

:: 宋博士管理微博

◎每个管理上的决定都会有缺点。关键是找到效果最大，问题最小的解决方案。很多决定做不好，是因为我们没有把几种可能性想清楚，把方案和评估搅在一起，自然无法取舍。正确的做法是把三者分开：先问问题是什么，再问解决问题有几个选项，最后问哪个选项是最好的。

㉓

管理就是算账

通常是这样的，如果是自家的事情，天底下没有难算的账。我们算不清，是因为我们不认为这个账是自己的账。

作为管理者，我们每天都要做决策，而决策的依据很多时候就是算账。

我们每个人都会计算，但不是每个人都会算账。例如，大部分人不算大账，只算小账。举一个例子，很多企业做客户服务的人员，都会尽量不给客户公司明确规定可以给客户的优惠。为什么呢？这些非常为公司着想的员工想为公司省钱，觉得这样对公司好，能让公司少花钱就少花钱。但实际上他可能因此而得罪一个客户，让一个客户流失掉。公司的损失可能是他省下来钱的几十倍，甚至是几百倍。

我建议每个企业，每个管理者都算算你的企业典型客户值多少钱，也要让每个员工都算这个账，算这个大账。我们会发现，一个客户会值非常非常多的钱。例如，我认为我们易中公司的每一个客户，包括正在看我这本书的你，平均算来要值十万块钱。

怎么算出来的呢？

一个客户平均在我们这里花费5000块，他跟我们十年，他的价值就有5万块钱。他再给我们成功推荐三个客户，他自己加上他的朋友，这个客户就值20万了，即使我再打一个对折，这个客户也值10万块钱。如果一个人明白这个大账，知道一个客户值这么多钱，就不会太在意一、两百块钱的事情了。

我们一定要教会员工算大账，自己也要算大账，不算小账。

算账的时候有一个非常重要的概念我们应该明白，这就是所谓的**沉没成本**。一般会计算账时总是把历史上所有投入，所有成本都算进去。这么做，从财务的角度是对的，但是对我们的决策大部分情况下是有害无益的。

例如，我们在给产品定价的时候，如果把历史上的投入都算进去的话，这个产品成本会显得非常高，我们以此定的价格也会非常高。可能的后果是，这个产品因为价格高而根本卖不出去。你的收入可能是零。其实，你过去投进去的钱都已经收不回来，都已经沉没了。不管你现在做任何事情，那个钱都已经花了，所以在做定价决策的时候不必再考虑那个成本。**你要算的是，在什么价格下，我们能够得到最大量的客户、最大的收入，这是非常重要的。**

经常会有员工问我们，经理你看这个账该怎么算。其实他掌握的信息比你多，他去算这个账比你算更合适，但他可能没有自信或不愿承担责任。我建议你这么回答：“你就把这件事情当作你自己家里的事情来算，你就能算明白了”。

通常是这样的，如果是自家的事情，天底下没有难算的账。我们算不清，是因为我们不认为这个账是自己的账。这实际上涉及到我后面讲到的一条，管理就是做主人翁。如果一个人用主人翁的态度来算账的话，他算的通常不会差的。但是，他如果用打工心态来算的话，他算的账通常会有问题。

:: 宋博士管理微博

◎人的四个境界或者四个阶段：不会算账的阶段；算小帐的阶段；算大帐的阶段；不算账的阶段。很多人一辈子也过不了第二个阶段。

◎我们更愿意想一件事的好处，不愿想一件事的坏处。想清楚最坏的情况，往往能帮我们做正确的决策。忽略这一点，会让我们付出我们不愿付出的代价。

24 管理就是做实验

我们通常处在一个仅仅靠洞察力已不能解决问题的复杂环境。我们必须做各种各样的“管理实验”，以确定企业未来的发展方向。只要我们是在用一种科学的精神做企业实验，我们就不会不计代价，也不会对实验本身不加控制，以至于花费巨大之后还一无所获。即使失败，我们也能从中学习到许多东西。

一个人投硬币，连续七次相同地投出国徽一面，你相信吗？大部分人不相信这会是事实。少部分人相信投币人有魔力，也有一部分人相信这是在玩魔术，但极少有人会相信这是一个再自然不过的现象。事实上，若有一千个人每人连续投七次硬币，第一次必然有500人左右投出国徽一面；第二次必然有250人左右连续两次投出国徽一面……第七次时还至少有七个人投出国徽一面！若同一个人做一千次这样的实验，也必然有至少七次会出现我们表面看来不会发生或认为是“奇迹”的事情。

事实上，企业管理上的“奇迹”大都是同样产生的：在成功的企业前面，通常有许多企业做了类似的尝试，但都过早地放弃了，只有少数一些企业坚持了下来。在成功之前，一个企业通常也有过许许多多次失败，就像我们熟知的发明666药粉的故事一样：如果发明者在第665次时放弃，他还是不会做成。所以**“坚持”或“毅力”不仅仅是科学家的精神，也同样是企业家应该具备的素质。**

通常，我们要求企业家具有一些超人的素质。在德国曾有过一次对最大的600家企业老总的调查，结果显示：洞察力、远见等特征被排在企业家应该具备的特征之前列。但问题是，若我们用这样的标准去选择企业家或管理者，通常找不到合适的人：让我们扪心自问，我们自己、我们周围有多少人符合这个标准？即使是一些被公认为有远见的大企业家也不得不承认经常做出错误的决策。

我不是说洞察力、远见等特征对做一个企业来说不重要。若一个人具有这样的能力，对一个企业来说绝对是幸事。但**我们通常处在一个仅仅靠洞察力已不能解决问题的复杂环境。我们必须做各种各样的“管理实验”，以确定企业未来的发展方向。**

作为管理者，我们都累积了一定的识别人才的能力。但即使是最有经验的人事经理也不得不借助一些外部特征，如过往的成就来推断一个人在一个新企业未来的发展。我们当然都有一些“直觉”，觉得这个人适合或不适合这样的位置。但若老老实实地想一下，可能我们“直觉”正确的时候和错误的时候几乎一样多。

更实用的管理人才的办法是实验：给一个具有一定条件的人相应的权利、资源和时间，然后根据其业绩来判断其能力和去留。即使是麦肯锡这样对人才最为挑剔的管理顾问公司，真正使其成功的原则也是其在人才上的实验原则：Up or Go，即一个人要么上去，要么走人。上去意味着业绩和个人的成长。如果一个员工没有在两年的时间里因优秀的业绩而上升一个阶梯，他一定要另寻高就。国内一些企业奉行的“末位淘汰机制”，也是遵循同样的原则。

GE 则是在不同领域做企业实验的高手。在我看来，GE 真正遵循的企业原则中一个最重要的原则也是一个实验原则：Up or Close，即一个业务领域要么在规定的时间里用规定的预算进入世界前三名，要么就把这个领域关掉。用韦尔奇的话来说：“总部不会太理会细节，但我们有很好的嗅觉。我们的任务是分配资源，不仅是财务意义上的，也包括智力意义上的资本。嗅到、感觉、接触、倾听，之后分配资源。把人员和资产赌在一定的发展可能性上，犯尽错误之后做是否保留的决定。”

不管我们是否愿意，**做企业实际上是在做一系列的实验。**高明的实验者会像科学家一样做有控制的实验，就像我常常讲到的食品零售连锁巨人 ALDI 的做法一样：ALDI 在决定是否引入一个新的商品进入其连锁店之前，一定要在几家有代表意义的连锁店中试销一下，根据这个小小的、几乎没有成本的实验得出的数据，再决定是否推广至全部三千多家店铺。

而不计成本的实验就变成了赌博，其代价极其高昂。以我的看法，长虹很多年前垄断彩管的做法实际上就是这样一种无法控制的赌博，而不是一个可以从中学习的企业实验。

做实验就意味着允许失败。只要我们是在用一种科学的精神做企业实验，我们就不会不计代价，也不会对实验本身不加控制，以至于花费巨大之后还一无所获。即使失败，我们也能从中学习到许多东西。同样，实验也要求理论的指导，没有理论指导的实验是毫无用处的实验。从这个意义上讲，一个好的理论是最实用的。

不要相信奇迹，但要相信实验，因为实验永远不败。

宋博士管理微博（推荐）

◎如果员工不愿意犯错误，他们就永远不可能做出正确的决策。如果他们总犯错误，你就应该让他们去为你的竞争对手工作！——花旗集团前董事长韦尔

◎很多我们看上去冒险而大成的人，自己根本不认为冒了险。他们了解自己的事情，而外人不了解，以为有很大风险。所以，对风险的判断往往是主观的。

25
做调查不如做实验

做企业和做管理也是在做无穷无尽的实验。每一天都是一个新的开始。只要你不放弃继续实验，你就没有失败。

我曾受邀参加Google新产品发布会，认识了Google热榜。回来后时不时上热榜看看现在热门的东西是什么。在高考的那段时间，你可以想象，最热门的关键词都和高考有关。先是对高考出题的关注，然后就是对查分，报考学校等信息的查询。这些都没有什么好奇怪的。引起我注意的是，高考后有一天出现在热门关键词排行榜第七位的一个似乎和高考无关的词汇：挫折。

仔细想想，对“挫折”一词的搜索还应该是和高考有关的。高考这个独木桥本身会让大部分的学生产生挫折感：高考状元只能是有限的几百人。考上北大、清华这些一流大学的学生也最多数以万计。而如今参加高考的人数则达到了前所未有的千千万之多！即使现在的升学率比二三十年前高了很多倍，从心理上来说，大部分学生感受到的不是能上大学的喜悦，而是没有考上好学校的挫折。搜索“挫折”，找办法消除挫折感也就不足为奇了。

企业家、管理者、普通职员其实和高考学生一样，我们也每天都面临这样或那样的“考试”，也因此要面对这样或那样的难题和挫折感。如何面对每天90%的不如意之事？如何面对每天都有的挫折？在后文《如何做快乐的管理者》中，我从心理层面给出了一些建议。

这里，我想从方法论上给出一些建议。我相信，**很多人的挫折感，是使用了错误的方法造成的。错误的方法造成了错误的结果；错误的结果让我们倍感失望；失望和挫折感让我们把自己有限的能量消耗在内心的挣扎上，而不是把全部的心力放在寻找出路上。**

我们都知道“拍脑袋”是一个错误的方法。但我看到的大部分的管理者使用的决策方法却是拍脑袋：“这个事情就这么定了”、“以我的经验只能这么做”、“我都在商场上混了二十年了，我知道该怎么办”、“我是老总，我是博士，我是……，听我的就行了”。这样决策的后果是，当一件事情真的成功了，“我”会变得更自大、更独断。而大部分情况是事情不成功，“我”就陷入了挫折和自责，或者找借口解释为什么没有成功：市场反应不好，客户太坏，下属太笨，技术没有支持好……我们都知道，找借口和理由是最容易做的事情。而问题的关键是找到解决问题的办法。

很少有人知道做调查也不是理想的方法。毛主席说：“没有调查就没有发言权。”他是对的，做调查肯定比拍脑袋好。但有调查也未必能让你找到正确答案。

一个例子：一家婚恋网请一家专业调查公司做了一个会员付费意愿的调查，70%的人回答他们愿意为红娘服务付费。做起来后的实际情况却是：真正付费的人不到1%。

我想很多企业界的朋友都有太多类似的经历：客户告诉我们的和他们的实际行动并不相符。调查能让我们客观一些，但我们无法通过调查知道这个世界的真相。如果我们的方法仅仅是调查，我们同样会陷入心理困境：如果调查和最后的事实不符，我们就不知道如何往下走。

真正让我们找到出路的方法是不停地做实验，像科学家那样。真正让我们消除挫折感，拥有一个健康心态的方法也是实验。

对于实验者的心态，爱迪生有最好的描述："如果我找到了一万个行不通的方法，我并没有失败。我没有灰心，因为每一个错误的尝试都是往前进了一步。丈量成功的真正尺度是在24小时能做多少实验。"我相信，**拍脑袋不如做调查，做调查不如做实验。**而做实验并不是科学家或大企业的专利，而是每个人都可以在自己力所能及范围内所做的事情。

人生是无穷无尽的实验。一个学生的高考实验没有做好，并不意味着他没有了人生，没有了机会。做企业和做管理也是在做无穷无尽的实验。每一天都是一个新的开始。只要你不放弃继续实验，你就没有失败。

因为实验不会失败。活着，就能做实验；活着，就要做实验。

26

梦想与实验——向阿里巴巴学习

我敬佩有梦想的人，更希望有梦想的朋友能够像阿里巴巴一样，有足够的幸运和实验的条件，把自己的梦想变为现实。

在阿里巴巴上市之前，不少人都猜测，阿里巴巴的市值将会超过百度和其他互联网公司，成为中国互联网行业市值最大的公司。但当时最让我感兴趣的，倒不是这个无论如何都称得上辉煌的经营结果（在短短8年时间里从零到超过10亿人民币的营业额，数百亿的市值），而是这个企业的成功过程，以及我们能从中学到什么。

马云自己的说法非常简单：这个过程是辞职创业（1999年），拿到高盛和孙正义的风险投资（1999年500万美元，2000年2000万美元），然后开始有收入，挣到1元钱（2001年），每天收入100万（2002年），每天盈利100万（2003年），每天缴税100万（2004年）。这些数字让人羡慕，却无法让我们从中学习到什么。

阿里巴巴和马云的成功，有非常多的因素。不喜欢马云的人可能会更多地把他的成功归结于幸运。

早在1995年，中国还没有人知道互联网是什么东西的时候，他已经在美国接触到互联网，并做了自己的第一个简陋的网页（用于宣传他的第一个公司，1993年成立的海博翻译社）；

在1997－1998年，他能够依托经贸部实验他的一些想法；在互联网最热的时候，他得到了VC（风险投资）的青睐，而且不是小数目（他很早就结识了互联网领域的大人物，如软银的孙正义、雅虎的杨致远等）；

他赶上了2003年的非典，无法出门的人们只能在网上做生意，而除了阿里巴巴大家并没有太多的选择。当然也有不少人选择怀疑，认为马云在说大话，怀疑阿里巴巴是否真的像马云描述的那么成功。

我不想介入这些争论，时间会让有些事情得到澄清。**我相信阿里巴巴是一个成功的企业。而这个成功背后的主观原因，我相信是马云和他的团队的梦想与实验。**

关于梦想，《阿里巴巴：天下没有难做的生意》一书的作者郑作时先生是这么说的："与其说马云是阿里巴巴的总裁，不如说他是阿里巴巴的造梦者更为合适。他负责营造一个梦想：未来会怎样，阿里巴巴在这个未来里可以做什么，然后用这个梦想来引导阿里巴巴前进。"

这个梦想就是："让天下没有难做的生意"。手段就是建筑一个全球最大的网上集贸市场。具体目标，马云在他的开业讲话中讲了："第一，我们要建立一家生存80年的公司。第二，我们要建设一家为中国中小企业服务的电子商务公司。第三，我们要成为世界上最大的电子商务公司，要进入全球网站排名前十位。”今天看来，这些也许不能称为梦想了。但在马云创业的1999年的2月份，他只有50万元的启动资金和18个创业员工。在那个时候，这样的想法你只能说是梦想。

马云和他的团队幸运的是，他们通过一系列的（有意和无意的实验）定义了自己的梦想并找到了实现梦想的路径。

第一个实验：1995年时在美国做了一个简陋的网页，结果几个小时后就收到了5封要合作的电子邮件。

第二个实验：1995年开始的中国黄页，为其他企业拷贝他的上一个经验。在这时他发现中小企业对利润的渴望，只要能为他们赚钱，自己就能挣钱。1997年，这个公司的收入达到700万。

第三个实验：来北京为外经贸部建设中国网上商品交易市场。用这个网站验证了许多阿里巴巴网站的元素，例如搜索引擎、商品分类、收费等，也发现BBS论坛甚至比网站主页还要受欢迎。

第四个实验：在众多可能的盈利模式中（网上电子市场、付费会员、在线促销、网上虚拟主机、中国供应商服务等）发现最适合市场需求的“中国供应商”服务，而这个产品让阿里巴巴每年有了几个亿的收入（在2005年，约10000家成为“中国供应商”的企业，每一家每年支付阿里巴巴4－6万元）。

我敬佩有梦想的人，更希望有梦想的朋友能够像阿里巴巴一样，有足够的幸运和实验的条件，把自己的梦想变为现实。

27

补足企业的“短缺元素”

管理者最重要的任务，是发现自己企业在某一个时期内的短缺元素，集中所有的力量解决它。

我的客户A公司是一家工程公司。它有着很清晰的战略定位：在众多的行业中，它选择了造纸行业作为自己服务的基本行业，因为这个行业有一定规模，未来有相当大的发展空间，而且这个行业中竞争并不是十分激烈。

此外，A公司的主要骨干以前也在和这个行业打交道，因此有一定的关系基础，便于争取项目。为了使自己的力量更集中也更有突破性，A公司选择了此行业中最大的公司作为自己的目标客户。

通过大量招聘业内专家，以及多次以专家身份为目标客户召开技术研讨会，A公司在业内树立了良好的专业形象。几乎所有的目标客户都知道A公司，也有相当多的企业和A公司进行项目谈判，但谈判大都没有结果。

由于担心即将来临的多个大项目不能高质量完成，A公司的管理人员把大部分精力——除了做行业的公关外——都花在了内部管理的工作上。公司招聘了许多人员，做了详细的分工，制定了管理规章。但可惜的是，这样一家前景十分美好、内部管理也有一定水平的公司却面临一个极大的困扰：公司的收支不平衡，许多员工虽然看好未来，却担心现在。结果是员工队伍极为不稳定。

就我的经验，这是许多企业每天都在发生的事情。实际上只要管理者把自己的优先次序做一下小小的调整，这个公司几乎所有问题就可以得到解决：不再花时间做大面的工作，甚至不再花时间做内部的管理改进工作（因为在岸上是永远无法学会游泳的！），而是把一切力量投入到在谈项目上，尽快拿下一两个项目。

一百五十年前，德国伟大的农学家利比希发现了植物生长过程中的短缺元素定律。这个理论主要有以下五点内容：

1. 任何一个植物的生长都需要一定的元素，例如：钾、氮、磷酸等。

2. 在某一个时期，植物缺少的只是某一种元素。这个元素被利比希称为短缺元素。

3. 只要增加这个短缺元素，植物会有一轮新的生长，人们不必去做任何其他的事情，植物就能依靠自己的自我组织能力成长。

4. 不缺少的元素即使增加再多对植物的生长也没有用处。通常会有负作用，例如太多的磷酸会烧坏植物等。

5. 短缺元素永远在变化当中：在补足了原来所缺的元素之后，总会有新的短缺元素产生。

应用利比希的发现人们造出了化肥，而化肥的产生使人类粮食的生产能力在短短的十年内提高了十倍，在此之前人类用了 1800 年才达到同样的结果。也正是因为这个发现，马尔萨斯的人口极限理论也失去了其基础。

你一定发现了短缺元素这个自然规律实际上可以指导我们管理企业：**管理者最重要的任务，是发现自己企业在某一个时期内的短缺元素，集中所有的力量补充它。**

在我们的例子中，A 公司最为急迫的是拿到项目。这好像是一件显而易见的事情。但奇怪的是，大部分的管理者在日常的工作中不会运用这样一个简单的原则。几乎每个人都在追求各个方面的完美，却几乎没有力量花在自己最短缺的地方。或者一个管理者找到了一个让他取得阶段性成功的短缺元素，就以为这是一个不会改变的成功之道。而事实上，一个让我们取得阶段性成功的原因，在其最成功的时候，就开始不再重要了。

A 公司在拿到了几个大项目后，它的短缺元素马上就发生了变化：是否有足够的、合格的工程人员，高质量地完成工程项目。这个时候，花在拿项目上的力量越大，对这样一个公司的危险也越大。

管理，其实很简单：就是不停地寻找并补充你的短缺元素。

㉘

坏消息拖久了就是地狱

不成熟的员工不愿承认坏消息，总想事情会变好或者自己能把事情摆平。不成熟的管理者则只想听好消息，不愿听坏消息。

在工作中我们每天都会遇到两类信息：好消息和坏消息。一般而言，我们都喜欢好消息，而惧怕坏消息。因为是坏消息，我们从心里想远离它，避开它。但问题是坏消息并不会因为你不理睬它而变好。恰恰相反，你如果没有及时处理它，一件小事情可能变成一件大事——大坏事。

这是我亲眼看到过的一个例子：一个公司（甲方）把自己的一处房产租给了一家广告公司（乙方），大家签了一份合同，规定乙方要预付三个月的租金。因为乙方急于搬入，甲方的工作人员小张觉得对方合同都签了，不会有问题，就把钥匙给了乙方，而没有坚持先收三个月的租金。

拖了几个星期，小张终于从乙方拿到了一张支票。小张把支票交给财务，财务去银行入账时却发现，对方给了一张空头支票：对方的账户里根本没钱。没有多少社会经验的小张想，也许对方暂时没钱，过几天钱可能就到了，所以也没有给上司汇报。

后来，在上司的一再追问下，才说出这件事情。甲方就又逼迫乙方给出了另一张支票。你已经猜对了，这张支票也是一个空头支票。两度受骗的甲方这才高度警觉起来，意识到自己是遇到骗子了。所以马上采取措施，和律师一道把乙方赶了出来。但事情没有就此结束。

几个月后的一天，甲方的公司里来了两个讨债的人：他们手中有一张欠条，借钱的人属于乙方公司，借条却写在甲方的信纸上。所以讨债的人认为甲方公司应该还钱。

不成熟的员工不愿承认坏消息，总想事情会变好或者自己能把事情摆平。不成熟的管理者则只想听好消息，不愿听坏消息。他们都不知道：**好消息拖久了可能带来一个惊喜，坏消息拖久了却能让一切变成地狱**。亲爱的读者，让我们都养成我称为“比尔·盖茨的习惯”：开会的时候先听坏消息，再听好消息！这样你的好消息才会源源不断。

29 越困难，越要把注意力放在解决问题上

不要认为所有的问题都是要解决的问题，而是要找出根本的问题，亲自监督解决。

一家制造型企业的老总给我讲述了他面临的难题：欧洲经济不景气，传统出口市场从去年下半年开始就在衰退。不仅占收入60%的外部市场出现了问题，就连国内市场的销售也没像他期望的那样有起色，和去年同期相比，公司的销售额下滑了25%。

外部的困难是一方面，更大的压力来自内部。经营形势好的时候，公司似乎很团结，每个人都说别人好。但现在他听到的几乎全部是一个人对其他人，一个部门对其他部门的抱怨：销售部门放大每一个小小的产品问题，抱怨生产部门总是出质量问题和总不能按期交货。生产部门不仅抱怨销售部门拿来的订单小、交货期急，让他们无法做好生产计划；同时也抱怨采购部门没有把好关，采购零部件质量问题导致产品质量和交货期都出问题。采购部门则抱怨人事部门没有及时招到他们需要的采购员，要不然他们也不会出问题……

我给这位老总的建议是不要被众多的抱怨所迷惑，**不要认为所有的问题都是要解决的问题，而是要找出根本的问题，亲自监督解决。**我分析他短期的问题是销售问题，长期问题则是产品创新的问题。我给他的另一个建议是不要停留在安抚下属上，而是真正地解决下属抱怨的重要问题，要不然抱怨不会停止，安抚是没有多大用处的。

为什么要这样做？

困难的时候每个人都会放大别人的问题，以便取得自己心理上的平衡。它的具体表现就是抱怨。但抱怨不能解决问题，甚至会让问题变得更复杂，本来可以解决的问题，会因为大家的不配合而无法解决。更大的问题是抱怨让我们无法清醒地思考真正重要的、必须解决的问题是什么。如果一个人抱怨的问题是真正的问题，那我们必须解决这个问题，要不然抱怨就不会中止。

作为公司的管理者，我们也会面临同样的问题，那就是下属在遇到困难时的抱怨。我的建议和给上面老总的建议一样，那就是你要分清主次，解决重要的问题。有的时候，我们自己也会抱怨。如果是这样，我给您的建议是把注意力和您全部的力量放在解决关键问题上，而不是放在抱怨和倾诉上。抱怨和倾诉虽然让人一时缓解压力，但最终解决不了问题，压力还会随着问题重新回来。最彻底的解压办法就是解决问题。

一个教授给他的研究生布置了任务，让他研究所在城市面临的问题和解决办法。研究生很用心，很快就给教授一份非常长的论文。系统分析了这个城市几十年来都没有解决的问题。这些研究成果让研究生变得很愤慨，喋喋不休地在教授面前批评市政府的无能和无用。教授忍不住打断研究生，跟他说：“你去问问学校大门外边的理发师。他十年前就向我抱怨过你发现的这些问题了！**真正的人才不是发现问题的人，而是解决问题的人。**”

真正优秀的管理者不是抱怨问题的人，而是解决问题的人。

越是困难的时候，越要想办法解决问题。

越是困难的时候，越要把注意力放在解决问题上。

【第4篇】

管理授权

30 不要让自己成为公司的瓶颈

如果一个管理者意识不到这个问题，不明白为公司培养人的责任，就很可能成为公司的瓶颈，极强的个人能力就会成为公司的一个负担。这个问题的解决在于让管理者学会“授权”，在于部门经理学会把大部分自己紧抓不放的事情下放给部门内其他人做。

年终时，我和公司二十多位中高层管理者在三亚开预算会议，发现很多部门最大的问题就是部门经理本身往往是发展的瓶颈。公司不缺潜在的市场，也不缺现成的客户，好想法很多，可以做的事情也很多，但很多事情做不下去。

究其原因，往往是部门经理可以做的事情很多，但他个人根本做不了那么多，他又放不下去。所以很多值得做的事情就搁浅了，部门领导仅仅在做“必须”做的事情。的确，如果公司骨干为了工作经常不能好好睡觉，你怎么忍心要求他做更多呢？

很多公司有同样或类似的问题：一方面是市场潜力很大，另一方面是公司内部的管理人员瓶颈阻碍你抓住市场机会。这个问题最可怕的地方是，**公司里最能干的那些人反而是公司最大的瓶颈。**

为什么会这样？一个原因是：能干的人往往太相信自己个人的能力，太追求完美。这样的人反而不会像一个自己不是很强的人那样更会利用别人的力量，帮助自己做好整个部门的事情。这个问题的**解决当然在于让管理者学会“授权”，在于部门经理学会把大部分自己紧抓不放的事情下放给部门内其他人做。**

但如果你给部门经理提这样的“授权”建议，你马上会发现这是一个说起来容易做起来难的事情。你会听到部门经理许多无法放权的理由：

1. 还没有人能像我一样，我还找不到可以教会的人。

2. 我如果现在就把我做的事放给别人做，肯定出乱子。

3. 我可以教会某某，但教会他要比我自己做花 N 倍的时间，这样我就更没有时间做其他事情了。

结论是：还是我自己做更有效率。

一个人有什么样的观念，就会有什么样的行动。只看到“授权”有其困难一面的人就会无法放权，这是自然而然的事情，而这样的管理者逐渐成为部门乃至整个公司的瓶颈也是必然的。

但事实是，上面的那些听起来很有道理、也符合我们每个人个人经验的观念是完全错误的。管理的“过来人”都知道，真正的世界不是那样的，而是这样的：**如果你不去培养一个人，你就永远找不到可以培养的人。**当你决心这么做的时候，你会发现很多人都有很大的潜力。他们可能和你不一样，但给他们足够的时间和磨练，他们的表现未必不如你。当你把一件事放权给别人的时候，事情也通常没有你想象的那么糟糕，任何公司离开任何人都能运作，何况“授权”给别人不是说你就不管不问、放任自流了，有问题出现你帮助解决就是了。当然，教别人时花的时间肯定比你自己做要多好几倍。但是你忘了，**教会别人，你以后就再也不必事必躬亲。用短期的痛苦，换取长期的解放是值得的**。这样，你对公司的作用和影响力才能倍增。

从业务骨干到管理者的过程，从管好自己到管好别人的过程，这中间最大也是最难的转变其实是思想观念上的转变：是从自己做好事情，变成学习去管理别人做好事情的转变。这是一个痛苦的、但却不得不经历的过程。就像一位母亲给自己的孩子断奶，是不得不做的事情。每个母亲都知道，长痛不如短痛。与其让孩子永远无法独立，不如忍受孩子和自己短期的煎熬。我在《有效管理者的八大工具》的DVD教程中提到的“管理者五个任务”中，最为重要的一个就是：为公司培养人才。而授权给下属的过程，就是培养下属的过程。这是每个管理者应尽的义务。

如果一个管理者意识不到这个问题，不明白为公司培养人的责任，你就很可能成为公司的瓶颈，你的极强的个人能力就会成为公司的一个负担。这个问题出现时最准确的信号，就是看看你自己是否忙得不可开交，而你的很多下属却没有紧迫感，下属在花很多时间等待你的指令，而你又没有时间给他们及时发出指令。这样的时候，就是你要考虑重新分配自己的时间，加大授权力度的时候。

回头看一下，十年来我一直在做的一件事情，就是避免让自己成为易中公司的发展瓶颈。我也在此忠告所有的管理者，千万不要让自己成为公司的瓶颈！

31

更好的授权，更多的人才

> 授权是一个长期的过程，但我们最可能犯的错误却是我们的授权不够。没有做到非常彻底、干净和安全地授权。

我们知道管理者通常的任务是为自己企业或部门制订目标，组织资源去实施达成这些目标所必须的措施，以及及时果断地做出必要的决策。

但管理者还有两个同样重要，却为大部分管理者所忽视的任务：对自己的企业或部门进行有效的监控及培育人才。

大部分管理者都乐于布置任务、做决定，但真正有效的管理者却都擅长使布置下去的任务和做出的决定得以执行。按流行的说法，就是能够让自己的企业有“执行力”。在执行力的背后，是管理者的监控手段和与之相对应的奖惩。我们通常以为只要用领导者的魅力和激励手段就可以让员工执行和完成管理者想要完成的任务，但如果没有有效的监控，这样的结果通常不会出现。一位伟人有一句名言可说明这个问题：“信任固然好，监控更重要”。

监控并不需要一套复杂的系统和设备，管理者不妨试一下我认为简单有效的“罗兰·贝格方法”。作为一个大咨询公司的创始人和总裁，罗兰·贝格本人可谓日理万机。但凡是和他打过交道的人都知道，他不会忘记哪怕是一件小事。他每天都接触大量各色各样的人物、每一件需要自己和别人做的事情他都会用录音机录下来，让秘书打出并发放给相关的人员。他通常每天会发出40~50个给不同人的“内部备忘”。这当然是在完成一个管理者首要的任务：布置工作和做某些决定。

但这仅仅是事情的开始。每一份内部备忘都会被写上一个时间，到了这个时间秘书就会把这个内部备忘重新放在罗兰·贝格的案头。所以，没有任何一个人能够侥幸让他忘记一件他关心过的事情。**当整个系统都习惯并采用这个简单易行的做法之后，监控就是一件十分正常的事情。执行力也就大大地增强。**

培育人才也许是管理者最重要的任务，却也因为其无法在短期内取得效果而被大部分人所忽略。但真正高明的管理者和有传统的企业都会十分重视这一点。我们可能听说过，GE的总裁从自己上任之日起就开始物色自己的接班人，这是GE的一个传统。我们也都知道，一段时间内，中国一些最优秀的企业因为没有或者没能找到合适的接班人而动荡不已。实际上，我们大部分企业都面临这个巨大的问题。

一个把命运维系到某一个人身上的大企业是危险的，一个现代企业应该是离开任何一个人都能正常运营的企业。

从“自私”的角度看，一个管理者也应该注重人才的培养：许多管理者都感觉自己很累，却又无法放权，因为自己身边没有足以让自己放心、可以被授权的人才。但管理者一天不突破这一怪圈，就一天不能轻松。

TCL电脑的杨伟强先生曾有一个有趣的观察和对比：在香港，有华娱和凤凰卫视两家电视台。他们几乎同时起步，但五年之后，华娱几乎无法继续下去，天天都是几个同样的、不受人喜爱的面孔在谈论一些大家并不关心的话题；另一面是凤凰卫视的人才济济、蒸蒸日上。我们都知道凤凰卫视成功上市，但更为可贵的是，其年收入五年能保持年均80%的增长。两家的根本区别在于，一家让自己的员工一个个都成了明星，凤凰这个舞台也就成了观众喜爱的地方；另一家没有让任何一个人成功，其本身也就毫无生机。

杨伟强先生的结论是：在TCL电脑，以前自己是（唯一的）发动机；未来的任务是，为公司发现、培育众多的发动机。我们可以想象，这将是一个充满生机的公司。

如果你想让你的公司令行禁止而且充满活力，你必须完成作为管理者的两个任务：进行有效的监控和培育出色的人才。

授权是一个长期的过程，但我们**最可能犯的错误却是我们的授权不够。没有做到非常彻底、干净和安全的授权。**

作为授权的榜样，我们可以看看一个大家比较熟悉的例子，就是万科的王石。在他离退休年龄还很远时，他的授权就非常彻底了。他1983年在深圳创业，在1991年的时候，他提出来要把公司办成一个股份制的公司。这样做当时有两个目的：第一个目的是融资，因为他要进入房地产行业，需要钱；第二个目的就是想用一个机制来管自己，用机制管理公司里最上面的人。他认为股份制是最好的机制，因为对股份制企业，法律上要求必须有这样那样的设置，要求这样那样去做。到1999年的时候，当时还年富力强的王石就把自己总经理的位置让出来了，交给其他人。他把日常工作全部授权给总经理和管理层，以便让自己有更多的时间去思考公司更长远、更重要的问题。他选择了只做董事长，不做总经理。

∷ 宋博士管理微博

◎每个年增长速度超过30%的企业，都会遇到两难问题。一方面是业务增长需要人，另一方面是培养新人需要人，而能做这些事的往往是同一批人。为了持续和有质量的增长，应该把资源向培养、培训倾斜。

◎当员工感到被分配的任务和工作具有一定难度时，当他们能在工作中发现运用或提高技能的机会时，他们也更愿意投入更多努力，并肩负更大责任。

㉜ 管理就是信任

> 首先信任一个人，然后看他如何对待我的信任。如果他的反应是让我更值得信赖他，我会给他更大的信任；如果他滥用我的信任，我会缩小我的信任，甚至完全不再信任他。

我认为，管理中首先要解决，但也最难解决的问题其实是信任问题。

如何解决信任问题呢？我们古老的“信任非黑即白理论”，“疑人不用，用人不疑”还能够指导我们的管理实践吗？

我的看法是这样的：

1. 我们应该把“用人不疑，疑人不用”当作挑选人的原则，而不是当作管理人的原则。一个企业选人的时候，应该用一种谨慎、怀疑的态度寻找适合自己的人，尤其是对一个人道德上的评判，如果有疑问，就绝对不要用，不要以为您能驾驭这样的人。这样理解和使用“用人不疑，疑人不用”，就不是冒险，而是在降低风险。我们经常犯的错误（我自己也是）是，为了加快推行一个自己看好的项目而放低，甚至放弃选人的标准。结果是导致后面一大堆问题，反而影响我们的进度。

2. **管理人的原则应该是授权（信任）和监控的结合，而不是完全的放任不管**。因为即使第一条做好了，在工作过程中还是有可能出问题，何况很多时候我们无法在选人时做出正确判断。即使这两个方面都没有问题了，一个人还是可能变化，甚至变坏的。如果我们不从管理，不从制度的层面控制结果和行为，最后的结果可能是既害了员工，也害了公司。换句话说，如果把“用人不疑，疑人不用”当作管理的原则，我们就是在极大地冒险的了。这可能就是张瑞敏所说的“用人要疑”的意义吧。

3. **人与人之间，管理者与下属之间的关系，是一个博弈的关系，是动态的，不是固定不变的**。成功的互动路径是：管理者首先相信一个人（这可能是张瑞敏所谓的“疑人要用”吧），这个人把事情做好，回报上司的信任。上司在此基础上给予更多的授权和信任。而互动失败的路径是：管理者不敢信任任何一个人，这样也根本无法让一个人发挥出他的作用和潜力来。这可能是我们通常强调“用人不疑”这个原则的主要原因吧。问题的关键是：双方互动的结果，是让大家越来越相互信任，还是越来越不信任。**信任不是一个一次性的决定，而是一个动态的过程**。

我信奉的做人的原则也是一样：首先信任一个人，然后看他如何对待我的信任。如果他的反应是让我更值得信赖他，我会给他更大的信任；如果他滥用我的信任，我会缩小我的信任，甚至完全不再信任他。

33 如何做到有效监控

监控的目的是为了不让不希望发生的事情发生，也就是说我们要控制未来，而不是事后的校正。这实际上是监控的本质。

我们为什么好多事情落实不下去，就是因为我们没有足够的监控的工具和监控的措施。我经常会被企业界的朋友问：一方面信任自己的下属，但在中国信任意味着失控。你相信了他，那么后面的事情你就没有办法控制了，怎么办？

我的回答是，应该把信任和控制放到一起来看。如果只有信任没有监控的话，那么这个信任是没有办法走远的。反过来，如果一个管理者只会监控别人，让别人觉得你对他没有一点信任的话，那么这个监控实际上最后也要失效的。所以我们**一方面要学会信任，另外一方面，我们要知道监控，让别人不滥用我们的信任，这是我们作为管理者必须完成的一个任务。**

那么我们怎么样才能够做到有效的监控呢？

第一，**我们不要想监控得太多**，也就是说我们**只去监督和控制**

最重要的环节。大家看看汽车上的表盘、仪表，实际上都是给我们做监控用的。在汽车的表盘上我们发现没有多余的仪器仪表。为什么呢？所有的都是对我们有用的，没用的东西我不去控制它，不去检测它。做管理实际上也是一样。如果我们去监督控制过多的东西，反倒最后会把最应该监督的东西给落掉。

第二，**从监督的方法上来看，我们通常要抽查，而不一定要逐一地检查**。因为逐一的检查意味着我们要花大量的时间，同时也意味着我们对员工的不信任，而抽查能起到很好的监督的作用。

第三，**我们监督和控制的目的是为了实现目标，而不是为了搜集信息**。我知道有很多管理者很喜欢搜集各种各样的信息，他手中有大量的报表和数字，但是没有什么用处。所以从这个角度来讲，那些跟我的目标不相关的信息，我们不用去搜集。

第四，**监控的目的是为了改变未来，是为了让未来照我们的意愿去发展，而不是事后的校正。**

我给大家讲一个阿凡提的小故事。

有一天阿凡提让仆人下山去打水，他告诉他的仆人说：你一定不能把我的水洒了，一定不能把我的桶砸了。如果你把水洒了、把桶砸了，那我会扇你耳光的。他说完这句话之后，啪啪打了他仆人两个耳光。他的朋友在旁边觉得很奇怪，问阿凡提：为什么现在就打他耳光？阿凡提说：如果他把水洒了、把桶砸了，我再打他耳光不就是没有用了吗?!

这个故事告诉我们：监控的目的是为了不让不希望发生的事情发生，也就是说我们要控制未来，而不是事后的校正。这实际上是监控的本质。

再举一个现实中的小例子。

一个企业家跟一个合作伙伴一起做了一个很好的商业计划书，做出来了之后，他的伙伴把整个计划书拿走自己去做了。花了几百万元，最后替他人作嫁衣裳！他问我该怎么去对付他不守信用的对手？实际上，我们事后想去改变这件事情是很困难的，但是如果他在开始事先跟他的合作伙伴有一个很好的协议，那么这件事情可能就根本不会发生。

管理者做好控制要走一个闭环，要完成六个步骤：第一步确定**控制的范围**；第二步确定要**控制的关键元素**是什么；第三步确定**控制的标准**；第四步**搜集数据和信息**；第五步要**衡量效果**，到底我们的标准达到了没有；第六步是**做修正**。

在这个周而复始的过程中，重点范围是成本的控制、业务流程的控制和风险的控制。

:: 宋博士管理微博

◎没有信任，所有改善企业文化或提高积极性的努力都会白费，甚至会产生负作用。下属会认为管理者的措施是不真诚的，是玩弄权术。

信任的成本最低。所以在选人时道德底线重要。有能力，但不能信任的人，带来的管理成本非常高。

34 监控不是不信任

我们需要对一个人的工作进行监控，需要和他一起不断地做回顾与总结。这样你对他才有帮助，他做的事情才不至于坏到一塌糊涂时才被发现，到那时候实际上对他、对你都是不好的。

授权和监控是一对孪生姊妹，只有授权没有监控，是非常危险的。在 xue24. com 的管理问答频道，我曾经参与了一个讨论。一个朋友提了一个问题，说疑人不用，用人不疑，这句古话还适合现在的管理吗？我的看法是：**在招聘时“疑人不用”是对的。当你挑选一个人的时候，如果你对一个人有怀疑，尤其是对他的品德有怀疑，就不应该招他进来。在工作过程中，“疑人不用”就不对了。**（参见前文“管理就是信任”）

实际上，没有一个人从一开始就能做好，在你授权给一个人时，他很可能没有足够的经验和能力，但如果你不给他机会和信任，他永远不会有经验和增加能力。用人不疑，如果将它理解为授权某个人做一件事，之后授权者就不应该再过问了，这是不对的。我们需要对一个人的工作进行监控，需要和他一起不断地做回顾与总结。这样你对他才有帮助，他做的事情才不至于坏到一塌糊涂时才被发现，到那时候实际上对他、对你都是不好的。

监控不是不信任，而是帮助的前提。一个企业的业绩，顺境的时候可能你不用管它，也会一直增长。但是当不顺的时候，在竞争加剧的时候，你最需要的是不断地和同事一起去讨论、回顾和评价这个月，甚至是这一周、这一天的业绩，以便让大家关注业绩和找出突围的方法。

我山东的一个客户经历过这样的阶段：有两年时间老总没有太关注具体的业务，因为这个老总觉得太累了，有一阵子老总希望干脆找个人替他，但找不到合适的人。结果这两年企业的业绩就徘徊不前。后来我们一起重新让老总找到自己的人生目标，他又开始非常认真地做业务评价，做检测的工作。结果公司业绩一个月好过一个月。有时候管理就是这么简单。

网络是对管理、对监控起非常重要作用的一个工具。即使是像房地产这样的传统行业，也可以运用网络工具做好管理监控的工作。

万科是最早开始把自己的管理搬上网络的一家公司，因为王石很早就意识到了，要想管理好自己的员工和客户，最好的方式是让很多的信息在网上公开。这包括很多人最不愿意看到的对自己企业的投诉。上万科的网站就能发现，第一个频道是万科介绍，第二个就是我要投诉。万科把各个城市，所有的楼盘项目全都列在这里，你要投诉哪个项目，只需点开它把投诉写进去就行了。即使在登山途中，王石一样可以看到公司什么地方出了问题。投诉被公开了，具体的工作人员就没有办法掩盖了。投诉公开了，一件事情刚开始就能够被上层了解和掌握，不会等事情变得非常难办的时候才知道。

我们可能都听说过王石一年有半年的时间在外面。王石是不是就不管公司的事情了呢？有一次，我在深圳和万科的人力资源总监谈一些事情，也向他求证这个事情。他告诉我，王石虽然人不在公司，但他通过万科的网上办公系统，对公司的运营情况还是可以了如指掌。不仅是他，所有的管理者都可以在世界任何一个地方通过网络办公，出差的时候照样可以掌握和了解公司的情况。

我们知道，大部分朋友用的是手机进行移动管理，但手机能处理的仅仅是紧急的事情。如果你有一个网络办公系统，需要什么资料就可以在任何地方得到，需要什么数据就可以得到什么数据，你的管理效率会大大提高。这就是网络的好处。网络能够让你在任何时间、任何地点得到你想要的信息，并把你的信息传递出去。

英特尔创始人之一——格罗夫曾经说过非常有意思的一段话。他说20世纪80年代的时候，日本人靠“大方桌式管理”打败了美国人。90年代的时候，美国人又靠“电子邮件式管理”打败了日本人。为什么这么说呢？在20世纪80年代的时候，也是日本经济最红火的时候。在那时，日本经济地位在世界上超过美国，是最高的。那时候美国人、欧洲人都害怕日本人。格罗夫认为日本人取胜的绝招实际上就是拥有一个特殊的沟通和监控方法。日本人的沟通、监控是在集体办公里做到的，就是大家都坐在大方桌四周，一旦有什么事情发生，大家一起来看，一起来讨论。而美国企业等级森严，老总坐这儿，副老总坐在那儿，当一件事情发生了，再把大家召集起来开会，但时间已经过去很久了。电子邮件出现之后，美国人的沟通和监控就比日本人快得多了，通过电子邮件，老总可以做到在任何时间、任何地方都能和所有员工沟通。

所以，格罗夫认为20世纪90年代美国经济再度复兴，打败日本人，是得益于电子邮件这个管理工具。这么说虽然有一些偏颇，有一些极端，但这个道理是对的。我们是需要监控和沟通，更需要有效的工具。

:: 宋博士管理微博

◎一个人其实是很难管住自己的。就像写微博，我们立志要每天记录点什么，但还是很难坚持，我们总有各种各样原谅违背自己立下誓言的借口。自己管不了自己的时候，让别人管自己是最好的办法。如何让别人管理自己？就是把自己置于别人的监督之下。

◎一些企业的问题是老板的“善良”造成的。因为“善良”，老板不愿砍掉赔钱的业务，不愿得罪没有结果的下属。久而久之，企业里就问题成堆。“善”的结果，是对企业和大部分员工的“恶”。一个企业的成长，需要老板像园丁那样管理，不仅要培育，也要不时修剪。

35 控制6个关键数据

大部分的数字对企业老总是不重要的。一般来说，只要控制关键的五六个真实的数字，一个企业就可以大大地提高其管理水平，真正地解决其经营问题。

1987年的硕士学位口试让我终生难忘。主持我的考试的是曾任德国政府经济顾问团主席、俗称“五贤人”之一的Hax教授。

他只问了一个看起来非常简单的问题：在什么样的情况下企业会破产。

我回答说：“资不抵债”。

他说这个回答仅仅对了极小的一部分。在现实世界里，大部分企业破产不是因为“资不抵债”，而是因为第二个原因：**企业没有支付能力。大部分破产的企业在账面上总资产超过负债，却无法支付银行的利息、工资、原材料费用等，而不得不宣布破产。**

第一个原因是极有弹性的，因为如何评价资产价值，存在许多种可能性；第二个理由却是刚性的：一个企业拿不出钱来，就是拿不出钱来，绝对没有通融的可能。

国内企业的财务管理大部分建立在十分有弹性的盈亏表和资产负债表的基础上。管理者注意的基本上是三个指标：营业收入、利润以及资产的增值。国营企业的老总用这些指标衡量其业绩，民营企业也用这几个指标衡量其成败。这样做本身没有错，问题是这三个指标除了营业收入外，都十分富有弹性。

例如，集团公司为了使其上市公司看起来有更好的业绩而收购上市公司的产品，尽管这些产品存在集团销售公司的仓库里，在上市公司的盈亏表中却表现为（并不真实的）营业收入。连营业收入都可以做手脚，更不用说经过许多中间环节推算出来的赢利以及资产增值。每一个学过一些财务知识的人都知道一些这方面的“诀窍”。我记得《投资导报》上曾有过一篇翟明磊先生有关审计财务公司的报导，披露了许多不合法的做法。也就是说，企业即使通过监督、审计也很难消除这些指标的弹性。

不论一个企业的领导者也好，还是一个股市上的投资人，都必须更深一层透过一些相对刚性的指标来推断企业的真正处境。否则，即使一个企业有清晰的战略目标，也会像大海中的一只船，因无法确定自身的位置而迷失方向。对一个企业老总来说，他应该得到哪些真正有用的信息，才不致被一些假象迷惑？

罗兰·贝格的同事史海博先生曾数年任职于统一后德国的“托管局”。“托管局”属下有一万多家各种各样的国营企业，其中八千多家是工业企业。如何管理如此众多的企业？哪些数字是最重要的？“托管局”最终选择六个数字作为管理者的基础信息：

一、营业收入

二、材料费用或采购成本

由此可以计算出企业毛利及观察其发展；

三、库存

四、订单

由此可以看出企业现在及未来的市场状况；

五、应收账

六、现金流

由此可以看出企业的支付能力的变化。

而我们知道，企业支付能力的消失是企业破产的主要原因。即使企业不破产，现金紧张也会极端地影响企业的经营。

这六个数字都是相对刚性的数字；也就是说，几乎都可以通过考察原始证据来确定这几个数字的真实性。这六个数字又有极强的内部逻辑，很难对某一个数字做假而不在另一个数字上露出破绽；通过周期性地对比六个数字，也使做假者必须连续做假，增大其风险。

其实一个（大）企业的老总不必知道太多信息。我们许多（大）企业管理者的问题不在于没有信息，而在于有太多的信息。太多的信息使得管理者无法判断其真实性，更难判断其重要性。大部分的数字对企业老总是不重要的。一般来说，只要控制上述五六个真实的数字，一个企业就可以大大地提高其管理水平，真正地解决其经营问题。

36 要么解决问题，要么把问题升级

> 管理者要具备升级的意识，不能认为升级问题会显示自己无能，或者认为升级问题是告别人的状。好的领导需要遇到自己解决不了的问题知道升级的下属，这样大家才能一起不断发现和解决公司面临的新问题。每解决一个问题，我们就成长一步。

客户打电话来提出一个问题：客服人员因为自己的权限有限，虽然自己觉得客户的要求是合理的，但还是想方设法把客户拒绝了。结果一方面造成了客户的不满，同时让公司也失去了一个创新的机会。

业务部门需要技术部门对一个重要的事情提供支持，技术部门也觉得合理，但按原定的预算没有资源做这件事，因而拒绝了业务部门的请求。业务部门也因此停止了一件本来能为公司带来很大好处的事情。

业务部门需要技术部门对一个他们自己认为重要的事情提供支持，技术经理虽然觉得自己已经忙不过来了，但碍于情面，还是把

这个活接下来了。但他的时间终究有限，干了这个部门的小事情就只能把公司其他的重点项目往后放了。

上面的或类似的情形在每个公司几乎每天都能见到。这类情形的共同之处是：本来一件对公司有好处的事情，因为下级无权解决，而上级又不知道而被放弃；或者一个小部门的小事影响了公司大事的进展，等上面的人知道时，时间已经过去了。

从公司层面解决这类问题的办法是制订明确的升级流程，即规定什么事情下级应该向上级逐级报告，例如大公司都有的客户投诉升级办法。

但比死的制度更重要的是，管理者要具备升级的意识，不能认为升级问题会显示自己无能，或者认为升级问题是告别人的状。如果你想在一个公司不断得到晋升，如果你想少犯方向性错误，遇到问题请遵循以下3步法。

第1步：判断一下这个问题是否重要。不重要的问题不需要花你太多时间解决，更不需要升级，升级不重要的问题会让上级觉得你无能。

第2步：判断一下这个问题自己能否可以解决。能自己解决的，要坚决自己解决。要不然上级要你干什么？升级自己能解决的问题也会让上级觉得你无能。

第3步：自己解决不了的但重要的问题要及时升级。不然问题会变大、变坏、变难，本来不是你的问题会变成你的问题，上级要么认为你武断，要么认为你无能，不会解决问题，只会掩盖问题。

如何判断问题的重要性？如果你自己不能明确判断问题是否重要，或者你不能判断问题是否应该升级，建议你直接和上级沟通这个事情，让他帮助你判断是否重要，这不但不会让上级觉得你无能，反而让上级觉得你有自知之明，久而久之，你就能形成自己的判断力。

对于升级上来的问题，上级首先应该引导、辅导大家自己解决，其次是做决定帮助大家解决，这是我常说的管理的“管”。但好的领导能从一个问题中反省出自己部门甚至公司层面结构性的问题，并加以解决。这些问题通常是我们是否要改变现有的业务或操作模式？是否要调整组织结构？是否要制订或修改一些规章制度？是否要更改或优化流程？是否要设计和调整岗位？等等。这是我常说的管理的“理”。

好的领导需要遇到自己解决不了的问题知道升级的下属，这样大家才能一起不断发现和解决公司面临的新问题。每解决一个问题，我们就成长一步。

要么解决问题，要么把问题升级！

37

警惕偷走时间的5大窃贼

好的管理者都是好的时间管理者。而管理者时间管理的根本是抓大放小、果断决策、大胆授权、梳理系统、做好计划。只有这样，管理者才能防范偷走你宝贵时间的5大窃贼，才能让自己免于焦头烂额。

管理者管理什么？一是管事，二是管人，三是管时间。在这三个维度上，管事最容易，管人最困难，管时间不难却最容易被忽略。

很多管理者天天忙得团团转，却得不到上司的好评，主要的原因就是不会做时间管理，让自己和下属宝贵的时间被浪费掉。

什么会偷走管理者的时间，让管理者焦头烂额却得不到应得的结果？以我的经验，管理者有5大时间窃贼需要提防。

1. **抓小放大**。很多管理者忙于无数的小细节，不跳出细节思考什么才是自己真正应该做的事情。结果是不重要的事情做了一大堆，重要的事情一个没有做，上司不关心的事情做了一大堆，上司关心的事情一个没有做。其实事情都有逻辑关系和层次：解决一个上一级的问题，通常能让你一下子解决3~5个次一级的问题。如果我们能抓住最上级的问题用心解决，解决一个最上级问题的效果会相当于解决几十个最底层级的问题。但解决一个大问题和解决一个小问题花的时间差别并不大，至少不是几十倍的差别。

2. **议而不决**。很多管理者忙于开会，忙于和很多相关和不相关的同事讨论如何解决一个问题，却迟迟不愿自己负起责任做出决定。这类管理者把本来可以半个小时开完的会议拖延到 3 个小时，把本来可以在一次会议上做的决定延迟到下一次会议。议而不决的后果是让管理者要处理的事情大量积压，让管理者的时间越来越少。这样的管理者没有认识到，**没有事情可以通过拖延得到解决，决策的质量也不能通过拖延得到提高**。

3. **不能授权**。很多管理者习惯于自己做事情，不习惯授权给别人做，总担心别人做不好，总觉得教会别人做不如自己做快。久而久之，自己做的小事越来越多，自己的时间越来越不够用，身边的人越来越闲，自己的委屈越来越多。

4. **管而不理**。很多管理者习惯于管事，不习惯于理事。例如，发现有人迟到，会狠狠地批评当事人，却不会思考是否是公司的考勤制度或考勤技术有问题。管而不理的后果是，一件事情发生一次，管理者要管一次，次次发生，次次要管。随着企业规模的扩大，次次管的事情会大幅增加，管理者的时间越来越少。其实只要系统梳理一次，一类问题就能解决了。从这个角度看，**管是小，理是大，管理者要抓大放小，就要更多地梳理，而不是被动地管理**。

5. **不做计划**。计划是什么？就是把你要做的事情和你可以用的资源合理地匹配起来，简而言之就是事先想清楚在什么时间用什么资源完成你要做的事情。在可以用的资源里，最重要的和最稀少的资源就是时间了。不做计划意味着资源和事情不匹配，意味着资源尤其是时间资源的浪费。一个人一天就24小时，浪费了就没有了。很多人忙，其实不是没有时间，而是没有合理地安排时间。

好的管理者都是好的时间管理者。而管理者时间管理的根本是抓大放小、果断决策、大胆授权、梳理系统、做好计划。只有这样，管理者才能防范偷走你宝贵时间的5大窃贼，才能让自己免于焦头烂额。

宋博士管理微博

◎企业最高管理者的工作就是“抓关键的少数”：管好关键的少数人，控制好关键的少数活动。

◎老板要关注关键人、关键事。关键人是处在关键位置的人，但也可能是某类关键人群，例如新晋升的经理们。关键事可能是人事，可能是产品，可能是客户，关键是分出主次。

◎很多企业的问题即使重视了，也还是得不到解决。问题可能出在我们没有把问题量化。没有量化的问题说多了，员工就麻木了。量化的问题则可以天天说，因为量化，我们天天都可以看见这个事情是进步还是退步了，员工无法麻木。

38 避免业务和支持两张皮

市场并不缺专业的人，缺的是即专业又能站在业务角度思考的人，缺的是战略支持人才。

参加一个客户的季度董事会，负责质量的经理有半个小时的汇报时间。他非常认真地说了十几分钟，大概的意思是公司的质量问题有多么严重，质量管理多么重要，他在上个季度做了多少工作，他设计的质量系统多么专业，他未来的计划多么详细。与会者几乎没有一个人听他讲，要么在想自己的事，要么在和别人窃窃私语。我忍不住打断了汇报，说这些道理我们上个季度大部分已经听过了，你的具体行动是什么？你打算达到什么具体的目标？他一脸茫然，回答说质量管理真的很重要，很多人意识不到这个问题的严重性。他已经做了计划，但业务部门的人不积极配合，参与质量管理培训的人一次比一次少。他希望老总能亲自帮他推这件事情。

这是一个典型的场景。很多企业都有一个共同的现象，那就是业务部门和支持部门像是两张皮，永远合不起来。要么负责业务的人说一些事，支持部门的人（人事，财务，技术等）说另外一些事。要么大家说的虽然是同一件事，但都各说各的想法，很少有交集。久而久之，业务部门的人不再关心支持部门做什么，因为经验告诉他们，别指望支持部门能对业务有多大帮助。久而久之，支持部门的人充满委屈，自己明明做了一大堆事，做的事情也都很专业，但方案却得不到业务部门的任何回应。久而久之，业务部门和支持部门不约而同找老总讲理，业务抱怨说支持部门做的事情没用处，支持说业务部门做的事情不专业。老总左右为难，因为双方说的其实都对。

如何才能避免业务和支持部门两张皮现象？

我对业务和支持部门管理者共同的建议是：**和对方换位思考；和对方一起设计解决问题的办法，而不是自己单独做。**

做业务的人要理解，企业规模扩大后原来很多灵活的做法会给企业带来不好的后果，取而代之的应该是专业的做法。在人事上是这样，在财务上是这样，在技术上是这样，在质量管理上也是这样。如果业务部门不和支持部门一起系统地提升管理业务的做法，企业就无法上一个新台阶。

支持部门的人要理解，业务部门没有大把时间把事情想清楚和理顺。像战场上的士兵，业务部门的目标是把业务拿下，而不是做出完美的动作。如果你想让方案得到业务部门的支持，你必须站在他们角度思考，帮助他们解决问题，在他们中间发现朋友和盟友。你要帮助一些部门用你的专业方法做出成绩，然后才有可能把这个做法作为榜样在公司推广。

企业里最缺的人才是哪些？和一些规模较大企业老板讨论，他们认为最缺的是那些被称为“战略人力资源总监”类型的人。这是什么人？是能站在公司经营和老板角度思考人事问题并给出专业解决方案的人。其他领域也类似：市场上不缺懂质量管理的人，缺的是即懂质量管理又懂企业经营的人，只有这样的人能让企业的经营插上专业质量管理的翅膀。市场上也不缺财务专业的人，缺的是即懂财务又能站在经营角度帮助老板的人。总之**市场并不缺专业的人，缺的是即专业又能站在业务角度思考的人，缺的是战略支持人才。**

对做业务的人来说，你不需要让自己变成专业的人，但你要理解专业的人，要学会利用专业人才的专业性帮助你提高业务管理水平。如果大家都能换位思考，企业会非常受益，每个人的职业发展也会更顺利。

[第5篇]

管理人才

39 人才（几乎）只能从内部培养

> 管理就是让别人帮你完成任务，招聘和培养人才是高级管理者最重要的一个任务。如果我们希望企业保持长期发展，我们要尽量地自己去培育内部的人才。

人才是企业最重要的一种无形资产，但是恰恰在这个方面，中国企业家有很大的困惑。很多的朋友都跟我提这样一个问题：我的市场很好，我的产品很好，我可以做的事情很多，但我没有足够的人来完成这些事情，我该怎么办？

答案通常是招聘和培育人才。**管理就是让别人帮你完成任务，招聘和培养人才是高级管理者最重要的一个任务。**我们可能面临一个选择，是从外面招一些空降兵好还是我自己从内部培养好。表面上看，招空降兵的好处是显而易见的，找到一个人拿来就能够用。而自己培养呢，好像是一个漫长而无效的过程。但是我相信，从公司的长远发展来讲，最好的办法是自己培育人才。

可能在某一些特殊的岗位上的某一个特定的时间，你可以有一个两个空降兵这样的人才招进来。但是，我们千万不要寄希望于这些人能够马上发挥作用。因为他们要熟悉公司的环境需要大概一年的时间，也许到第二年他大概有一些感觉，知道这个事情该怎么去做了。到第三年的时候，他的作用才真正能够发挥出来。而我们大部分企业家或者是经理人是等不到第三年的。

如果我们了解到一个外部人到内部发挥作用需要时间的话，我们会更倾向于在内部去培养一个人，让他从一开始到能够独立自主去做一件事情也需要两年、三年的时间。但是你可以相信这两三年的时间你培养出来的人，是完全适合你这个公司的环境的。所以内部培养的人才要比外部的人才实际上更好用。**如果我们希望企业保持长期发展，我们要尽量地自己去培育内部的人才，宝洁的一个企业原则就是不从外面招经理人。**

当然这就涉及到另外一个问题：认为内部人不够格，必须去找外部的人。实际上一个人的潜能是很大的，如果给他一个机会，让他把自己的潜能发挥出来，一个人可以做很大的事情。西方谚语说：上帝在给一个人任务的时候，通常也会给他一份才能，让他很好地完成他的任务。我们千万不要低估下属的潜能，有的时候可能需要跳一步，闭上你的眼睛，给他一个机会，看看他能做出什么。但大部分的情况下，我相信他会给你一个惊喜。

在培养人才的过程中，我们应该关注**四个要素**：第一个**要素是任务，我们应该给大一点的任务**，这实际上是给一个人一个大发展的空间；第二个**要素是关注优点**，想办法把人的优点充分发挥出来；第三个要素很关键，就是要给你想培养的人**配备一个好的上司**。因为管理在很大程度上不是靠着一个人从书本上学来的，在很大程度上是靠榜样、靠上司作为榜样学来的；最后一点，一定要**考虑这个**

人的特质和他的岗位是不是相匹配。

总体来说，一个经理人的地位越高，监督、控制以及培育人才的任务就会越来越重。如果你问韦尔奇，他一天都在做什么事情？那么他会告诉你，他80%、90%的时间都在做监督、控制和培育人才的事情。当年他马不停蹄在世界各地奔跑，跟各个部门的领导人去谈话，去制定目标，去监督这个目标实施的程度，以及去选拔和培育人才。他亲自去授课的目的就是培育人才。

作为经理人，我再一次强调，我们地位越高，那么我们监督和培育人才的任务就会变得越重。

∷ 宋博士管理微博

◎做业务的人应该自己培养，专业的人可以从外部引进。原因是自己的业务模式外人往往无法理解，而专业领域的人自己几乎不可能培养。让空降的人做业务，他原来熟悉的模式往往和你的不匹配，无法成功。但专业的事情如财务，人事甚至技术都不太受业务模式影响。

◎每个公司都会有人因各种原因选择离开。很多老板把离开当作背叛，这些人就真的背叛了。我给老板的建议是：把回归的大门敞开，回来的人通常比原来更忠诚，更成熟。

40

管理就是知人善用

> 我们需要建立一个识人或者是试人的机制，需要一个赛马的机制。通过用人的制度，让一个人的主观判断不影响公司的运作。
>
> 老板需要给自己设置一个管理自己的机制。当你的公司达到一定规模的时候，一定要有一个董事会，一定要有一个机构能够对老板做一些评判。

管理者要知人善任，大家都知道的。一句话，管理者要了解下属的优点和缺点，想办法把人的优点用起来。我们要学会把合适的人放在合适的位置上，让合适的人做合适的事情。

很多管理者觉得自己非常了不起，能够判断这个人好，那个人不好，这个人适合干什么，那个人不适合。但是我觉得**我们都应该谦虚一点，在人的问题上，我们经常会判断错误**。坦率地讲，我自己就经常犯这样的错误。有的人高明一些，其他人可能会差一些。我肯定不属于高明的人。

我相信，我们对一个人的认识通常是很肤浅的。我知道很多老板都有一大堆被某某人骗的故事。如果是这样的话，我们需要在管理机制上做一些工作。也就是说，我们需要建立一个识人或者是试人的机制，需要一个赛马的机制。通过用人的制度，让一个人的主观判断不影响公司的运作。

说到这里，我最大一个感悟就是，**一个公司里最难管理的就是老板这个人**。我们讲知人善用，那么老板擅长什么，老板能干什么？在大部分公司老板其实是没有人管的。老板以下的人，至少还有一个上司判断一下他的优点、缺点是什么。但是，老板没有什么人管，除了他自己反省。我觉得这是非常重要的，每个老板都要反省自己，自己适合什么，适合干什么。

此外，老板需要给自己设置一个管理自己的机制。当你的公司达到一定规模的时候，一定要有一个董事会，一定要有一个机构能够对老板做一些评判。

宋博士管理微博

◎改变一个人是非常困难的，除非一个人自己改变自己。老板可以做到的是知人善用，是利用一个人固有的优点。当我们抱怨某某人不好用的时候，应该回到这个原点。

◎同样一个人，做不同的事结果大不相同。管理者的任务，就是尽量了解一个人，把他安置在适合的岗位上。所谓人才，只是适合某件事的人。

41 管理就是用平凡人做出不平凡的事

一个企业真正拥有的力量不是外人，而是自己的员工。一个企业真正可以依赖的也不是外人，而是自己的员工。有了正确的理念，我们才不会掉入舍近求远的陷阱，我们才会发现自己员工的潜力，才会真正重视内部人才的培养。

在某次《老板学》课堂上，我特别强调了人才的重要和老板在人才问题上不可推卸的责任。下了课，有一个老板急急忙忙找我，说他非常认同我的观点。他的公司这几年没有得到发展，就是因为没有合适的人才。他的产品是好的，市场也不错，客户也认可，但就是自己的员工不争气。好几年了，公司的规模还是在几千万徘徊。为了打破僵局，他请了一家猎头公司帮自己寻找管理人才。

他请我判断一下他的想法是否可行：他要找一个总经理，这样自己就可以放权了。还要找一个懂销售的副总，这样销售就能上去了。此外还要找个懂生产的副总，这样生产上的麻烦事就不用自己管了。这个老总深信，只要找到了这几个人，他的几个大问题就能解决了，他的公司就能再上一层楼。

对企业的经营管理问题，我们本能的反应通常像这个老总一样：只要能请到一个聪明的、有经验的、能干的、厉害的人来管，公司一切问题就都可以解决了。但这样的直觉往往是错误的。**一个企业不可能靠引进几个外部人才而得到根本改变。**

在这样思考的管理者身上，经常发生我称之为“看错人”的现象。我们往往对内部人非常了解，尤其是内部人的缺点和缺陷。因为认识他们已经好多年，我们往往给自己员工定了性，认为他们只能那样了。尽管他们是30岁左右的年轻人，一生中还可以学习大量的事情，我们却不再对他们抱有期望。而对于外部的应聘者，我们往往像初恋情人，把自己的期望投射在他的身上。而对方当然也会在和你接触的短短几个小时内尽量表现自己的优点和过往的成功，让你相信他是最好的选择。**对外部人只看到“好”，对内部人只看到“坏”，往往让我们做出错误的选择。**

选错人是可怕的，但一个有能力的人不适合我们的公司同样是可怕的。我们对于外部人的判断可能没错，但外部人可能无法适应作为老板的你，也可能无法适应你给他配备的下属，他也不可能把所有人按他的想法换掉。

他可能不喜欢你的企业文化，也可能不适应你的经营模式，而你未必愿意和能够因为他而改变你的文化和模式。

他可能不赞同你的价值观，也可能不欣赏你的管理方式。你支付了自认为很高的报酬，而对他来说和以前相比只是一般般。

即使这样，老员工知道了也会有非常大的不满，因为和他们收入的差距太大了。所以我们看到太多我们“一见钟情”而选中的人，做不满一年就走掉了，而我们失去的不只是一年的时间，可能还有老员工的人心。

我们根本的错误在于我们只相信聪明的人、有能力的人、天才的人、伟大的人、非凡的人能够帮助我们走出困境。且不说圣人五百年只出一个，我们根本找不到这样的人。即使是圣人下凡到我们公司，我们也往往无法留住这样的人。

管理者的宿命是管理平凡人。“管理之神”松下幸之助先生的70%原则能够帮助我们做好平凡人的管理。

1. 70%原则聘用人才：使用只能打70分的人才，而不是100分的天才。

2. 70%原则使用人才：只要知道员工70%胜任一项工作，就可以授权给他做。

3. 70%原则信任员工：如果公司70%的员工是可以信任的，就可以信任整体。

4. 70%原则看员工优缺点：70%的眼光看员工优点，30%看缺点。

5. 70%原则授权：70%授权，30%管。

6. 70%原则获取员工满意：不可能让100%的人满意，但要70%员工满意。

管理就是用平凡的人做不平凡的事。一个企业真正拥有的力量不是外人，而是自己的员工。一个企业真正可以依赖的也不是外人，而是自己的员工。有了正确的理念，我们才不会掉入舍近求远的陷阱，我们才会发现自己员工的潜力，才会真正重视内部人才的培养。

42

经理人要上的3个台阶

只有循循善诱和能够激发热情的经理才是优秀的经理。管理的最高境界也许是不管不理，无为而治。从指挥，到指导，再到发动，是每一个经理必须逐步登上的三个台阶。

一个员工非常投入地工作，业绩也不错，所以公司就提拔他成为他所在的部门的经理，让他管理五个人。公司给他的任务，自然也增加了好几倍。一段时间下来，这个新经理几乎哭着找到总经理，说自己不想干了。原来他为了报答总经理的信任，没日没夜地干，但还是无法完成新任务，也看不到完成新任务的可能。总经理对他说："那任务是给你们部门的，不是给你自己的，你可以让别人帮你干呀。"他说："我觉得自己是领导，不好把辛苦的事情派给别人做。"

这是我见过的一个非常典型的例子。一个人被放在了一个新岗位上，但他的能力却暂时无法胜任。**新晋升经理要上的第一个台阶，**

就是学会从“自己做”到“让别人做”，而很多人因为上面的原因或者因为对别人做不放心，而选择了自己做。如果上不了这个台阶，对优秀员工的提拔就失去了意义，甚至还会起到负面的作用，就像上面的例子那样。

从自己干到指挥别人干，还是一个相对容易学习的事情。因为虽然自己没有做过，但谁都见过别人如何指挥，况且站在高处指挥别人是一件很让人得意的事情。大部分人被提拔后会很快适应指挥的角色，甚至会很喜欢自己大旗一挥，下属就上的感觉。那些不擅长指挥的人，经过点拨也能很快学会指挥别人，赶人上架比赶鸭子上架要容易很多。

如果说经理人要上的第一个台阶是指挥，那么第二个台阶就是指导，即教会别人做事。很多陶醉于指挥的主管会给下属说：“我告诉你了目标在哪里、要做什么事，你怎么做我不管，到时你得给我结果，不然我扣你的奖金。”好一点的会说：“我现在教你这个事该怎么做。记住了，我就教你一次，学不会我不管。”大部分经理就停留在指挥的台阶上，而上不了指导这个台阶。其实，辅导下属做好他们的工作，是经理人的义务。只有教会下属做事，自己才是合格的经理。

一些人经过几年的锤炼，终于上了第二个台阶，学会了做下属的老师，并且很欣赏自己的角色。他们会和颜悦色地告诉下属：“有什么事情尽管找我，我能帮你们搞定。”在公司里，你能经常看到他们给下属讲解、培训、辅导。但他们不知道的是，这样做的后果可能是下属永远超不过自己。

经理人要上的第三个台阶是发动，要从告诉别人怎么做，到激

励和启发别人用不同于自己的方法做出来。在易中三亚会议上，我发现自己给公司管理层授课的效果远远差过易中总经理提问的效果。德鲁克的咨询方法也永远是提问，通过不断地提出尖锐且富有启发性的问题让咨询对象自己找到答案，而不是给出自认为高明的建议。只有循循善诱和能够激发热情的经理才是优秀的经理。管理的最高境界也许是不管不理，无为而治。管理就是在该闭眼时闭上眼睛，在该闭上嘴巴时闭嘴，在该闭起耳朵时闭起耳朵。当然，判断什么时候可以这样做和应该这样做，是管理的艺术。

刚刚当上经理的人，往往习惯于自己做事，而不是指挥别人做事。当了一段时间经理的人，往往习惯了指挥别人做事，而不是指导别人做事。合格的经理习惯了指导别人做事，而不是启发和鼓舞别人做事，只有优秀的经理才懂得发动别人做事。从指挥，到指导，再到发动，是每一个经理必须逐步登上的三个台阶。

:: 宋博士管理微博

◎培养人的时候要婆婆妈妈，处理事的时候不能拖拖拉拉。要婆婆妈妈，是因为让一个人明白一个道理几乎不可能一次做到，尤其是改变一个人做事的习惯。不能拖拖拉拉，是因为果断的往往是好决策，拖拉做出的往往是坏决定。

43 如何让好骨干变成好领导

大部分骨干经过培养和培训可以成为合格甚至优秀的管理者。管理的技能不是天生的，而是可以后天学习的。但要想快速掌握技能，最根本的一点是观念上的转变。一个骨干的信念是自己好，一切都好。但一个管理者必须相信，他的成功不再依赖于个人的成功，而是依赖于下属的成功。

某公司的一个业务骨干很能干，一个人的业绩相当于部门内另外五个人，个人对公司的贡献非常大。老板因此非常器重他，把他提拔起来当部门的领导，让他从只管自己变成管理部门内的五个人。老板期望这个业务骨干把手下的人也都带动起来。如果他能教会下面的人，让下面的人像他一样能干，公司的业务就可以大幅提高了。

几乎可以肯定的是，有这样想法的老板开始时肯定会失望的。**在工作中，我经常听到老板提起这个让他们头疼的难题：好骨干通常不是好领导**。把一个骨干提拔起来，部门整体的业绩不仅没有提高，就连骨干自己的贡献也快速下滑。这是为什么？企业如何才能复制骨干，让业绩迅速提高？

原因其实非常简单：骨干被提拔后必须分心于管理别人，所以他自己的业绩会下降。但同时又没有人来教他如果管理别人，他缺乏最基本的管理技能，他的管理不可能是有效的，所以别人的业绩也会因此而下滑。

接下来，很多老板的反应是把骨干从管理岗位再度拿下来，让他回到从前的状态。但结果却是，这个受了挫折和失去信心的骨干再也做不出原来的业绩了，而部门也因为这样的折腾而大伤元气。

如何解决这个难题？

如果你想寻找快速解决这个问题的办法，我只能让你失望了，因为没有快速解决的办法。解决这个问题唯一的办法是从以下几个方面帮助你的业务骨干尽快变成一个有效的管理者，完成从管自己到管别人这样一个不亚于脱胎换骨的巨变：

一是在骨干上岗之前做一个管理者培训，让他从理论上知道管理者的任务、原则、技能、工具和方法。这些和他以前已经熟练掌握的那些技能是非常不一样的。虽然他知道了这些道理，暂时也做不到，但他努力的方向会是正确的，他能因此而少走很多弯路。这是理论培训的好处。

二是给新提拔的人分配一个有管理经验的师傅，让师傅带徒弟，让有管理经验的人手把手地教他。

三是要这个人自己不断地琢磨、学习、反省、感悟、试错。在这个过程中，我相信我们精选的《易友》文章会给他们带来持续和意想不到的帮助，像我们众多的《易友》读者所反馈的那样。

当然，最后但并非最不重要的，是要**给他成长的时间**。想想我们自己，从不会带人到学会带人用了多少时间？我们为什么不给这些骨干多一些成长的时间呢？

要么我们让骨干继续做骨干，要么我们帮助骨干成为管理者。仅仅给骨干一个管理岗位，却不教会他如何管理，这是非常错误的。我相信，大部分骨干经过培养和培训可以成为合格甚至优秀的管理者。**管理的技能不是天生的，而是可以后天学习的**。这些技能不外乎是如何表扬和批评员工，如何制定和布置任务，如何监控实施的结果，如何奖励和惩罚，如何调配员工的工作，如何匹配岗位和员工，如何及时添加或淘汰员工，如何制定和修正业务流程，如何做好反馈，如何总结并向上级报告，如何开会，如何管理自己的时间。这个清单并不是无限长，学会了一个，就多了一份能力。

要想让骨干尽快转变成管理者，帮助他们掌握技能是必要的。但要想快速掌握技能，最根本的一点是观念上的转变。一个骨干的信念是自己好，一切都好。但**一个管理者必须相信，他的成功不再依赖于个人的成功，而是依赖于下属的成功**。

像韦尔奇所说的那样："在你成为领导以前，成功只与自己的成长有关。当你成为领导以后，成功都与别人的成长有关。只有被领导者成功，领导者才能成功。"什么时候我们的骨干真正相信了这一点，他离成为好领导也就不远了。

44

管理者的第6项任务：管理幸福

一个员工的幸福主要在他自己手中，但是作为一个管理者也有义务创造让员工幸福的条件：信任与授权、认可以及学习的氛围。如果双方共同努力，我们得到的将是幸福的员工和健康的企业。

很久以来，我都认为公司管理和一个人的幸福没有太大的关系。企业的使命是组织一帮人完成某个任务，如果你做得好，你可能带领一帮非常平凡的人做出非常不平凡的事情。幸福则是每个人自己的事情。

曾经，我对管理者任务做了五个总结。我相信管理者要做好的事情是制定目标、组织实施、做出决定、监督控制和培养人才。管理者没有让员工“幸福”的义务。

直到有一天，一个共事多年的同事提出离开，我才开始反思这一点。他离开的理由不是待遇问题，不是公司的氛围，不是成长的瓶颈，不是没有信任，而是一个非常简单的理由：做事情没有了原来的乐趣。

另一个让我触动很深的事情是，读到茅于轼在《读者》上发表的一篇文章。在这篇文章里，如今83岁高龄的茅老先生说，如果让他重新走过一生，他会选择大胆地追求快乐。他认为人生的意义在于寻求快乐：自己的和别人的快乐。

这些事情让我问自己：**到底什么是幸福？我自己幸福吗？管理和幸福的关系应该如何处理？**

关于幸福，我的一个朋友，原奇瑞汽车的副总裁阚雷博士给我讲过一个故事。一次休假时他看了一本书。书的主人公是一个已经相当成功和知名的心理分析师，突然有一天觉得自己出了问题：钱、名声和地位，自己什么都有了，却没有了快乐。于是他放弃了已经拥有的一切，踏上了寻找幸福和快乐的旅程。他尝试了一切的可能，包括吸毒和爱上一个妓女。在旅途的最后，他得出的关于快乐和幸福的结论是：**幸福就是别人需要你，快乐来自于对别人有用。**

我相信，人生本来是没有意义的，**人生的意义要你自己去赋予。**当我给我的客户提供管理建议的时候，我是快乐的，因为我知道我对他们有用；当我给我的同事提出工作建议的时候，我是快乐的，因为我知道我对他们有用；当我帮助自己的孩子开通一个电子邮箱账户的时候，我是快乐的，因为我知道我对他们有用；当我给我们收留的猫肉吃的时候，我是快乐的，因为我对一个小生命有用。

我相信，每个人都如此，只不过在不同的地方对别人有用，能做的事有大有小罢了。我甚至相信，普通人更懂得这个道理（似乎有问题的都不是普通人）。一个把幸福掌握在自己手中的人，当他的工作是扫地的时候，他会把地扫得干干净净（因为对别人有用），他也会通过学习掌握处理更多、更重要的问题的本领（因为对别人更有用)。我身边就有这样的例子。我们的一位兼职仓库管理员，在工作之余，不断利用工作的方便学习管理知识，因为有一天他要开自己的公司。我衷心地祝他成功。

管理者的第六项任务也许是管理员工的“幸福”。我依然相信，一个员工的幸福主要握在他自己手中。但是作为一个管理者也有义务创造让员工幸福的条件：信任与授权（让员工有机会表现自己的用处）、认可（让员工感到自己有用）以及学习的氛围（让员工获得更强的能力、发挥更大的用处)。如果双方共同努力，我们得到的将是幸福的员工和健康的企业。

宋博士管理微博

◎在中国，一个人在开始时为钱而工作，我觉得这是可以理解的。但挣了大把钱后，还为了更多的钱而工作就是一个错误。当然，一直为理想而工作的人是最幸福的，不论挣钱多少。

◎分享一句精彩语录：我们觉得不快乐，是因为我们追求的不是“幸福”，而是“比别人幸福”。确实如此，不幸都是自找的，而幸福同样也握在你自己手中。

45

沟通的3大纪律8项注意

真正的沟通者关注沟通的效果。在沟通时，重要的不是你说了什么，而是对方理解了什么，所以要求对方给你反馈很重要。

有一件人人都会做的事情，就是说话。但能把沟通做得好的人，几乎是微乎其微。因为和客户沟通有问题，很多企业无法找到适合自己的生存空间，逐渐消失。也因为内部沟通有问题，很多员工无法找到适合自己的位置，不得不离开公司。我最近碰到的一个极端例子是一家兄弟共同开创的公司，因为兄弟二人的不和而陷入内斗和内耗之中。

说话是容易的，沟通是困难的。大部分企业中都可能存在以下5个沟通误区中的某一种：

第一个误区：不沟通，用猜测、甚至猜疑取代沟通。造成这样情况的原因各种各样。有时是在无意识间形成的不沟通，例如上级认为这件事情是明摆着的，不需要再说了，而下属并不知道，也无法知道上级真正的意图。有时是有意识地不沟通，例如有些人故意隐瞒一些信息，以便给别人制造困难，为自己创造优势。有时不沟通是因为绝望：我们经常听到有人叹息："给他讲了也没用"，"我已经说过100遍了，他就是不听"。但最可惜的是因为（过分）信任而不沟通：我的上级（或我的下级）很棒，我不必告诉他，他肯定知道。

第二个误区："说"而不"听"。这种情况在上级对下级的"沟通"中十分常见。上司滔滔不绝地说，下级默默地听。但对于下级是否理解了、理解得正确与否，说者似乎并不关心。在他看来，只要我说了，他能否听明白是他的责任。

第三个误区："听"而不"说"。这种情况与上面的情况正好对应，通常在下级与上级的"沟通"中十分常见。尽管下级对上级的说法有疑问，或感到不理解，甚至有不同意见，但碍于面子，碍于层级关系或仅仅是因为不自信，而不把事情讨论清楚。

第四个误区：为了沟通而沟通，没有目的地沟通。这个极端是第一个误区的反面。我们经常参加一些热闹非凡的会议，但参加会议的人并没有真正的收获。大家可能联络了彼此感情，但公司问题却一点也没有得到解决。从一定意义上说，管理者的一个任务就是通过合理设计组织架构以减少这种让大家忙而无效的沟通。

第五个误区：不理解：冲突也是一种沟通。很多管理者为了维护公司表面的和谐，避而不谈一些会触动某些人利益的事情，大家都做老好人，结果是你好我好大家好，但公司却慢慢变得不好了。其实冲突，包括批评和吵架，都是沟通的有效形式，一个成熟的管理者不应该害怕或回避冲突。

之所以有这么多关于沟通的误区，是因为我们虽然都会说话，但很少有人学到过沟通的真正意义。**从本质上说，沟通不是说话，而是改变行动**。所以真正的沟通者关注沟通的效果。在沟通时，重要的不是你说了什么，而是对方理解了什么，所以要求对方给你反馈很重要。如果对方没有正确理解你的意思，错误不在对方，而在你。当然，沟通除理性层面之外，还有感情的层面。感情层面甚至更重要，这是管理者应该和下属打成一片的真正原因。只有从感情上接受你这个人，他们才会接受你提出的建议。

做好沟通其实也不难，只要我们遵循沟通的三大纪律八项注意，沟通的效果就一定会得到提升。

我们应该遵循的三大纪律是：

1. 面对问题，而不要回避矛盾。
2. 解决问题，而不是证明对方的错误。
3. 换位思考，而不要固执己见。

沟通的八项注意是：

1. 注意倾听，而不是想象或猜测别人的看法。
2. 要求反馈，而不是等待反馈。
3. 承认错误，而不是考虑个人脸面。
4. 积极求得利益上的平衡，而不是隐瞒利益上的冲突。
5. 对事不对人，而不是对人不对事。
6. 尽量减少非正常的越级沟通。
7. 不忽略非正式沟通（一对一，私下）。
8. 建立正式沟通的渠道和机制（如会议、报告、书面等）。

46

对管理者而言，做人比做事更重要

真正优秀的管理者不是自己作战，而是团队作战。真正优秀的管理者不是做老好人，而是让团队做出比自己一个人伟大得多的事情。真正优秀的管理者是能够建设有战斗力团队的管理者。真正优秀的管理者不但会做事，更有正确做事的方式。真正优秀的管理者不但会做事，更会做人。

某公司新来了一位部门经理，老板觉得这个人非常能干，因为来到公司还不到一个月，公司内原来推不动的几件事就都被搞定了。

新来的经理感觉也很好，因为自己的才能在这里似乎可以得到充分发挥。但接下来有几个部门内的业务骨干接二连三找老板诉说对新经理的不满，甚至暗示说自己有可能因为无法和这个新经理合作而离开公司。

这是一个典型的例子：一些人非常有才华，能够把事情做得很好。但似乎他们事情做得越好，越得不到大家的认可，或者虽然能得到领导的认可，却得不到下属的认可。究其原因，不是他们做事出了问题，而是做事的方式出了问题。更准确地说，是他们做人出了问题。

这些有问题的做事方式是什么？

一是单打独斗。这样的人往往喜欢自己做事情，不喜欢和其他人一起做事情。在他们看来，自己做比和别人一起做要快得多，也要好得多。

二是自以为是。这样的人打心底里认为自己是最好的，自己的做法是最好的，别人都不行，根本不可能给出什么好建议。

三是不会倾听。因为只相信自己，不相信别人，所以他们不会听取别人的任何意见。他们也许会走走形式征求一下别人的意见，但这仅仅是形式，别人的意见是没有被讨论和采纳的机会的。

四是居功自傲。他们觉得既然事情是自己做的，功劳当然应该是自己的。无意之间他们会让所有人都认为他很傲慢，而自己却浑然不知。

这样做事的管理者在做人上出了问题：他们往往把自己放在前面，而不是把下属放在前面。他们往往以自我为中心，而不是以自己的部门整体为中心。

真正优秀的管理者从心态上不会把自己放在下属之上，而是放在下属之下。真正优秀的管理者不会单打独斗，而是想尽办法充分发挥团队的潜力和作用。真正优秀的管理者虽然有自己的看法和在关键时刻坚持自己的看法，却不会拒绝和别人交流沟通。真正优秀的管理者善于倾听，能从大家的建议中找到比自己提出的更好的解决方案。真正优秀的管理者绝不居功自傲，而是把业绩看成是大家的，把问题看成是自己的。

大部分情况下，这些非常能干的人本质上不是自私的人，但给人的感觉他们是自私的。如果一个人本质上不自私，我相信做事的方式还是能改变的，尽管这种改变会很困难，转变的过程会很痛苦。

在转变的过程中，必须警惕走向另外一个极端，那就是把大家的意见理解为对自己才华的嫉妒和对他向下属提出高要求的抱怨，认为做事不如不做事，管人不如不管人。这样的态度最终会导致从单打独斗做事的极端走向不做事的老好人极端。

真正优秀的管理者不是自己作战，而是团队作战。

真正优秀的管理者不是做老好人，而是让团队做出比自己一个人伟大得多的事情。

真正优秀的管理者是能够建设有战斗力团队的管理者。

真正优秀的管理者不但会做事，更有正确做事的方式。

真正优秀的管理者不但会做事，更会做人。

47

高管选拔与招聘的“13 个不要”

不管你如何做，你都无法让你选对人的概率提高到 50% 以上。换句话说，无论我们如何做，我们总摆脱不了选错人的命运。尽管如此，我们还是要不断修炼自己选人的能力，能少犯错误就少犯错误。

高级管理人员的选拔与招聘问题是一个让老板头痛的问题。如何选聘合适的高管是一件非常困难的事情。《海底捞你学不会》的作者，有着丰富管理实战经验的黄铁鹰老师曾经在易中公司年会上说，不管你如何做，你都无法让你选对人的概率提高到 50% 以上。换句话说，无论我们如何做，我们总摆脱不了选错人的命运。

我相信黄铁鹰老师的说法。尽管如此，我们还是要不断修炼自己选人的能力，能少犯错误就少犯错误。如何少犯错误？我在这里总结了选人的“13 个不要”供您参考。如果我们能做到这些，相信我们犯错的概率会有所下降。

1. 不要轻信自己或别人的“识人”能力。我们可能已经拥有非常多的人事经验，但在选人上我们依然会犯错误，因为人是很复杂的动物。有时候，我们虽然不轻信自己，却容易轻信别人，例如所谓的“专家”，所谓的“大师”或“高人”，这同样是不可取的。

2. 不要快速做高管人事决定。我们招高管时通常都非常急，因为重要的位置上没有人是让我们非常难受的事情。但高管的选拔或者招聘恰恰是急不得的。匆忙做出的人事决定往往给公司带来严重的后果，因为高管的位置决定其影响巨大。

3. 不要一见钟情。我不知道一见钟情在婚姻上的成功率有多高。但在选高管时一见钟情的成功率肯定不高。一见钟情通常发生在外部招聘上，因为内部人选我们往往了解他们的缺点，外部人选却往往只能看到其优点。

4. 不要少于两个人选。我们买稍微贵重的东西还要货比三家，对公司举足轻重的高管更需要我们慎重，要至少两个人做比较，才能选出相对理想的人才。

5. 不要寻找天才。如果你要找一个各个方面都强的人，你的结果通常是找不到这样的人。如果您有幸遇到这样的人，他看上去什么都好，没有任何缺点，你一定要当心。没有缺点的人通常是可怕的。

6. 不要轻信大公司的来历。很多老板一听到对方在大公司做了几年，就以为这个人肯定很能干。但大公司的人并非个个有能力，即使有能力也通常只是某一个方面的能力，不一定有适合您的公司的能力。这不是说我们不能从大公司招人，而是要了解这样的人是否会适合您的公司。

7. 不要轻信头衔。很多老板招高管的时候听到对方的头衔和自己岗位名称上很匹配就认为这个人是适合的，却不知道同样是“××总监”头衔的人选，如果来自不同的行业，不同规模的公司其水平和能力会有天壤之别。

8. 不要轻信学历。很多老板因为自己学历不高，就非常崇拜高学历的人，以为高学历的人一定是聪明能干的人。但学历和能力，学历和人品根本不能画等号。

9. 不要忘记做背景调查。招聘高管时一定要做背景调查，一定要弄清楚他为什么离开上一家公司，一定要想办法了解这个人过去所做的事情是否真的像他说的那样有好结果，一定要了解和他共事过的人如何评价这个人。

10. 不要不关注对方的为人和价值观。有时候，我们会被有经验的应聘者给我们描绘的美景所迷惑，忘记追问他的为人和价值观。这是不可饶恕的错误。

11. 不要独断专行。高管的好坏影响非常大，要尽量让更多的人参与选拔或招聘决策，例如，董事会成员、其他高级管理人员及相关骨干员工。

12. 不要不设试用期。不论是内部提拔还是外部招聘高管，都应该设置一个试用期。如果是外部招聘，我们应尽量在这个人进入公司前有与其合作和相互了解的机会，以便我们能有更好的判断。

13. 不要任其自生自灭。如果您决定任用一个人，不论是内部选拔还是外部招聘，一定要帮助他化解新岗位上会遇到的各种各样的阻力，一定要给他提供足够的资源和时间，一定要定期和他检讨他的任务完成情况，以便帮助他尽快适应新岗位。

48

警惕股权激励的误区

当你想给一个人股权激励的时候一定要问自己两个问题：这是我将来能把公司托付给他的人吗？如果公司经营不好了，他会坚持下来帮助公司渡过难关吗？如果有一个不是，你都不应该用股权的方式去激励。

多年以来，股权激励一直是成长型企业的热门话题。我在讲授课程和咨询的过程中，被老板问到最多的一个话题就是要不要在自己的企业做股权激励以及如何做股权激励。《老板顾问》的调查显示，22%的企业已经实施了股权激励措施，更多的企业（50%）虽然没有实施但也有了明确的股权激励计划。

和国外的企业相比，中国的企业似乎更热衷于股权激励。我看到的数字和我的个人经验是，国外80%～90%的企业都是家族企业，大部分企业的股权在一个家族中传承，没有太多针对管理者的股权激励。为什么中外会有这样的差别？我相信这是中国国情决定的：一方面中国经济发展速度很快，好企业增长很快，让有能力的人觉得到处都是机会，企业也因此必须想尽一切办法留住关键人才。另一方面人口政策导致很少有企业家能够把企业做成家族企业，即使把联姻考虑在内一个家族也很难从内培养足够的经营管理人才，企业必须大量从外部吸引人才。这些因素导致了在中国股权激励的盛行。

即使中国企业的老板对股权激励这么重视，也还是有非常多的老板抱怨股权激励并没有带来期望的结果，那就是人才的稳定和企业的持续发展。为什么会出现这样的情况？我相信不少老板股权激励的思维有以下 2 大误区，导致了效果的偏失。

1. **对激励对象选择的错误。这是股权激励中老板可能犯的最大的错误。**股权激励就像和你的另一半结婚，如果选择错误会影响很长的时间（如果不是一辈子的话）和影响很多的事情，因为股东之间的关系和雇佣关系完全不一样，不能轻易地撤销。不少实施股权激励的老板抱怨说一些人拿到股份就不想再干下去了，或者是有的人拿到股份就不像以前那样努力了，或者是有的人虽然还很努力但却跟不上企业发展的要求了。这样的老板很尴尬，因为他只有 100 个点可以做股权激励。企业里只领分红不做贡献的人越多，这个企业的未来就越危险。

所以当你想给一个人股权激励的时候一定要问自己两个问题：这是我将来能把公司托付给他的人吗？如果公司经营不好了，他会坚持下来帮助公司渡过难关吗？如果有一个不是，你都不应该用股权的方式去激励。

对激励对象选择错误的一个特别的典型是股权激励大锅饭。犯这个错误的老板不多，但如果犯这个错误，对企业的影响非常大。

我的一个客户非常大度，把70%的股份分给了全体员工。开始时所有人都说他是个好人，但很快企业就失去了动力，因为每个人得到的股份都不多，大家都认为别人应该负责任，而自己作为股东有权利过问很多的事情，但不必对任何事负责任。这样的民营企业经过股权改造变成了“国企”，在那里每个人都是主人，企业却没有了真正的主人。

2. **股权过分分散**。很多企业股权激励的真正问题是股权过分分散。企业从老板单一股东转变成多股东结构有利于对老板的“管理”，减少老板一人独大的随意性，这是一件好事。但当一个企业的股权过分分散，企业就失去了一个终极责任人，每个人都会说我是小股东，出了问题不应该我负责。或者每个人都不服其他人，都认为自己的意见是对的，企业无法有一致的方向。我见过的股权过分分散的公司问题都很多，所以我建议你在股权设计时一定要坚持大股东50%以上的股权，这样的企业才有一个主心骨。尽管这个主心骨也会经常犯错误，但没有主心骨的错误是致命的。

基于以上原则性考虑，我建议在激励方式上要坚持以下原则：

1. 对激励对象的认识是一个过程，所以**股权激励的形式要从低到高**。可以从给予激励对象分红权开始，根据情况逐步变成期权和真正的股权。

2. 对激励对象的认识是一个过程，所以**股权激励要分阶段进行，**不应该一次完成。整个过程通常应该是3～5年。

3. 用自己的钱购买相应股权是对股权激励对象的一个测试，对公司没有长远打算和对公司未来不相信的人不会出钱购买公司的股份。因而股权激励不应该是赠送的，而应该**让激励对象相对便宜地**

购买股份。

4. 没有人能够预见未来，一个人和公司的发展也不会一帆风顺，从公司或个人的角度都需要**对激励对象退出方式和退出价格进行约定，**这样能避免不确定性，避免很多不必要的矛盾和争执。我的一个客户曾经用股权从外部引进了一个非常资深的常务副总裁，两年时间里双方磨合结果不好。但由于双方事先都清楚退出的办法，公司并没有花很多时间处理退出的问题，也避免了因此可能造成的大波动。

我相信“财散人聚”的道理，企业发展的根本是让为公司做出贡献的人能够享受其成果，而不是老板或其家族一人独享。所以我一直在“老板学”等课程中鼓励老板积极考虑和推进对公司关键管理者和骨干员工的股权激励。但很多企业的实践却是结果和意愿相违背，老板希望通过股权激励达到企业持续发展的目的，实施了股权激励后企业反而停滞不前了。究其原因，是掉入了股权激励的两个误区。只有避开这两个误区，股权激励才会收到应有的效果。

【第6篇】

管理自己

49
给管理者的21个建议

培养自己的归零心态：有成绩庆祝一下，之后就忘掉它，从头再来，不要让骄傲控制你；失败时，总结一下失败的原因，然后忘掉它，从头再来，不要让沮丧控制你。

最近接到一位老总的来信，告诉我他看了这么多期的《老板顾问》（注：易中的一个产品），已经明白自己作为老板所存在的问题，并且开始着手解决了。他同意我的看法，认为企业的问题归根结底都是老板的问题。但他同时发现公司管理者和员工经常跟不上自己的思路，问我能否像给老板建议一样，给他的管理者和普通员工一个建议清单，让他们能对照学习？

在2009年第12期的《老板顾问》中，我们收录了奥康集团王振滔先生的《管理“八部曲”》。这是一篇经典的管理思考，无论是内容还是形式都非常精彩，建议大家可以找来仔细阅读。其实王振滔先生的“八部曲”就是一个非常好的管理清单，能帮助管理者理清很多问题的思路。

但我还是按捺不住，想给出自己的答案，因为这位老板的问题是一个好问题，我也一直想就这个问题站在员工的角度做个总结。其实易中的同事也有同样的问题和困惑，我也断断续续地给他们一些建议，但从来没有系统地总结过。下面是我给我们易中自己的管理者和员工的21条建议，算是一个总结吧：

1. 要按时完成任务。如果无法按时完成，一定要第一时间告诉你的上司/老板；

2. 如果完不成任务是因为缺资源（缺人，缺钱或其他），一定要在第一时间找上司/老板要资源；

3. 尽量满足你的岗位职责要求。如果你的岗位职责设置有问题，一定要和上司/老板谈，而不是忍耐；

4. 上司/老板经常要求你做很多事情，不能全部做到不要紧，尽量多做一些就会有奇迹。同时要告诉上司/老板你不能做到什么；

5. 不要同时想抓两只兔子。如果上司/老板要求你同时抓两只兔子，你自己要做取舍，先抓到一只，再抓第二只。同时抓两只兔子，你的老板也做不到；

6. 不仅要提出问题，还要给出自己的答案。上司/老板喜欢的是既能看到问题，又能给出答案的人；

7. 上司/老板问到的事情一定要第一时间回复；

8. 上司/老板不再问的也要追踪到结束。上司/老板喜欢的是他想到的你做了，他没想到的你也做了；

9. 为自己找一个身边的榜样。通常你的上司/老板就是最好的榜样；

10. 养成帮助别人的习惯，帮别人也是帮自己。这个世界最重要的资源是人脉，帮助别人是建立人脉最好的办法；

11. 多和同事分享，分享不吃亏。上司/老板喜欢的是不仅自己能干，还能帮助别人干好的人；

12. 花时间培养你的下属。这样你不仅会有比做成一件事更大的成就感，还会得到更多的晋升机会；

13. 管理人有三个台阶：指挥，指导，发动。要尽快上到更高的台阶，就要学会辅导、学会激励、学会启发；

14. 不仅要会管人，还要会理事。理是事情的标准化、书面化，是经验总结，是流程梳理；

15. 培养自己的归零心态：有成绩庆祝一下，之后就忘掉它，从头再来，不要让骄傲控制你；失败时总结一下失败的原因，然后忘掉它，从头再来，不要让沮丧控制你；

16. 培养自己的感恩心态。只有感恩的人才会快乐，只有感恩的人才会得到更多的帮助；

17. 不懂的要提问，困惑的要讨论，不同意的要争论。老板喜欢能和他对话的人，不喜欢唯唯诺诺的人；

18. 不在背后说别人/上司/公司的坏话。有意见要当面和上司/老板谈，他们会感谢你的；

19. 如果觉得薪酬不公平，可以和上司/老板说，但不要期望马上有改变，上司/老板可能有他们的难处；

20. 不要争薪酬，要争培训。薪酬不是争来的，而是挣来的。培训能提高你的能力，能力永远是你自己的；

21. 如果觉得现在的上司/老板不够好，想办法改变他；如果不能改变，你可以炒他的鱿鱼。但不要相信下一个上司/老板会比现在的好。

模仿“美国士兵21条军规”的说法，上面这些权且是我的“易中员工21条军规”吧。如果您喜欢，可以把它发给您的员工。当然也可以按您的想法修改之后再发给您的员工。

∷ 宋博士管理微博

◎老板不能把希望寄托在全能的人身上，而是要用普通人做不普通的事，记得杜拉克就这么说过。关键是如何用机制把普通人的作用发挥出来。

◎不要期望什么都能干的人，这样的人太少了，少到几乎找不到，而且用这样的人往往代价太高。老板的任务是设计好自己公司独特的剧本，挑本色演员演好不同的角色，就有一台好戏了。

50
管理者唯一能改变的是自己

管理者，其实也是教育家。我们需要做的，是和员工一样，时刻反省和改变我们自己的行为。只有这样，我们才能影响和改变别人。

一位朋友最近向我诉苦，说自己又因为一件小事被老板骂了。他很沮丧，也很愤恨，认为自己并没有错，想从我这里得到一些安慰和帮助。我的反应可能非常出乎他的意料：我没有试图评判谁对谁错，而是告诉他：我认为他能做的，仅仅是改变自己。

第一种可能是在那件事上，他真做错了，没问题，承认并改正就行了。通常没有老板会继续纠缠。第二种可能是根本不是他，老板错怪他了。这时他能做的是，找一个合适的时间向老板解释。通常老板会理解的。如果我是老板，在明白问题的真相之后，会为自己的误解道歉。

问题恰恰在于，我们不愿意改变我们唯一能改变的：我们自己。我们不愿意检查自己是否有做错的地方并改正，通常过分相信我们自己是对的，寄希望于对方做出改变，我们希望老板自己能幡然醒悟，是他错了。但现实是，即使他错了，如果没有你的主动说明，老板通常是无法知道的，每个人都活在自己认为对的世界里。

不改变自己，我们就无法改变别人。也就无法让事情得到解决。时间久了，双方都会形成偏见。最后能解决问题的唯一办法，就是辞职（员工自己的改变）或辞退（老板自己的改变）。而这些其实是不用发生的，如果我们能在此前改变我们唯一能改变的：我们自己。

相对于在上下级关系中弱势的一方，老板或上级的地位也好不到哪儿去。管理者唯一能改变的，也仅仅是自己。想想许多经理和老板的无奈吧：自己的下属太笨；自己的下属太不用心；自己的下属太不负责任；自己的下属太不投入；自己的下属太没执行力……这个无奈的单子还可以无限延伸下去。

我相信，管理者也无法直接改变下属，你能改变的，仅仅是你自己。如果你自己改变了，你的下属也会随之而改变，唯一要提醒的是你可能需要一点点耐心等待改变的到来。

在教育界，流传着教育家陶行知老先生“四颗糖”的故事：

一天，他看到一名男生正想用砖头砸另一名同学。将其制止后，他责令学生去自己的办公室。在外面了解情况后他回到办公室，发现那名男生正在等他，便掏出第一颗糖递给他：“这是奖励你的，因为你比我准时。”接着又掏出第二颗糖：“这也是奖励你的，我不让你打人，你立刻就住手，说明你很尊重我。”该男生将信将疑地接过糖，陶行知又掏出第三颗：“据了解，你打同学是因为他欺负女生，说明你有正义感。”这时那名男生已经被感动得哭了：“校长，我错了。同学再不对，我也不能以这种方式处理。”陶校长这时掏出第四颗糖：“你已经认错，再奖励你一颗。我的糖分完了，我们的谈话也结束了。”

陶先生出人意料的行为，轻易地改变了学生的行为。管理者，其实也是教育家。我们需要做的，是和员工一样，时刻反省和改变我们自己的行为。只有这样，我们才能影响和改变别人。

宋博士管理微博

◎如何转变一个人的观念？用事实和逻辑说服？但这往往是困难的；让一个人碰壁后再说服？但这代价是很大的；不换脑袋就换人？但这是很残酷的。我们很难改变别人，也很难改变世界，最容易的还是改变自己。

◎领导能力首先是自己有能力接受或创造新观念，其次是说服下属接受和创造新观念。观念改变，才会有行动的改变。

51

如何做快乐的管理者

我的经验告诉我，管理者可能是这个世界上最不快乐、压力最大、也许是最痛苦的一个群体，尽管这个群体拥有了普通人认为最多的可以让他们快乐的条件。

从每天仅有 10% 的“好事情”得到足够多的激励，让自己拥有足够的动力和快乐处理剩下 90% 的烦心事。

一位朋友给我转发了一个 PPT 文档，里面大概是这样一些内容：

1. 当你清晨醒来开始新的一天的时候，你是一个上帝关爱的人，因为很多人已经不能这样了。

2. 如果你远离战争、不用挨饿、没有牢狱之灾，你是上帝关爱的人，因为你比世界上 5 亿多的人都更幸运。

3. 如果你不用为衣食住行担心，你是上帝关爱的人，因为你已经比世界上 75% 的人都更幸运。

4. 如果你在每日的生活花费之外还有富余，你更是上帝关爱的人，因为你比世界上90%的没有多少积蓄的人都更幸运。

5. 如果你能看到你的双亲一起变老而不是一人先离开人世，你是上帝关爱的人，因为你拥有世界上少有的幸运……

一般人会相信管理者是一个能满足所有这些条件，因而也应该是最幸福和快乐的群体。但我的经验却告诉我，**管理者可能是这个世界上最不快乐、压力最大、也许是最痛苦的一个群体**，尽管这个群体拥有了普通人认为最多的可以让他们快乐的条件。

为什么是这样？

我相信有客观原因。客观上来说，管理者每天要处理的通常都是不好处理的、令人头疼的事情：销售上不去，要想办法；销售上去了，生产跟不上，要想办法；成本高了，利润少了，要想办法；利润高了，缴税多了，也要想办法；人员少了，要想办法招人；人员多了，要想办法裁人；人不多不少，也要想办法提高这些人的效率、责任心、凝聚力、团队精神……

总而言之，一个管理者永远有做不完的事，而这些事情，大部分是麻烦事，而且管理者职位越高，麻烦事（人事，经营，公共关系，工商税务等各个方面）所占的比例也越大。我工作过的德意志银行的一位董事就说过：她每天处理的事情90%都是棘手的、难办的事情。

但更有主观原因。就是一个人如何面对这样的现实。面对同样的困难，我们可以选择唉声叹气，也可以选择勇敢面对，想办法解决问题。面对可能是永远无法改变的事实，我们可以选择只看坏的一面。像大部分人所做的一样，但我们也可以选择看好的一面。就像下面的小故事所表达的一样：

一位牧师非常虔诚。他总能在任何情况下找到赞美上帝的理由。一天，他和一个朋友走在路上。一只鸟从他头上飞过并把屎拉到了他的头上。他的朋友用揶揄的口吻问他：现在你还有什么理由赞美你的上帝呢？牧师马上开口说：伟大的上帝啊，感谢你在造物的时候没有让牛也长上翅膀。

我们通常像牧师的朋友一样，只看到事情坏的一面。但经过修炼的牧师却能看到事情好的一面。

看好的一面，作为管理者我们就会发现：当我的公司还活着的时候，上帝是关爱我的，我是幸运的，因为 80% 的公司都没有生存下来。我们也会发现：上帝并没有偏爱别人，当我经历管理者的磨难时，90% 的其他管理者也是如此。即使我遭遇磨难，上帝也是关爱我的，我还是幸运的。因为磨难本身就是财富，是成功和成长必备的阶梯。

在我提到的 PPT 的最后，是这样一句话：如果你的脸上总挂着一丝微笑并对这个世界充满感激，你是上帝关爱的人，你是幸运的人。因为每个人都可以这样做，但却只有很少的人选择这样做。

你、我、我们可以这样。我们可以做一个快乐的管理者。从今天开始，从现在开始，学习凡事往好处想。学会德意志银行那位董事的办法：从每天仅有 10% 的“好事情”得到足够多的激励，让自己有足够的动力和快乐处理剩下 90% 的烦心事。

52

管理就是做主人翁

做管理和踢足球一样，态度决定一切。而唯一正确的态度是主人翁的态度。大部分的人仅仅是在做事情，而不是在做事业。所谓敬业，是说一个人把自己做的事情看作是一件神圣的事业，因而全力以赴，兢兢业业。

做主人翁，就是学会把公司的事情当作自己的事情，甚至当作自己的事业来做。做管理和踢足球一样，态度决定一切。而唯一正确的态度是主人翁的态度。从一个人的言语，可以看出一个人的态度。如果一个说“我的”公司、“我的”客户、“我的”下属和“我的”同事，我想他是认可自己责任的人。

在这里，我想有必要讨论两个问题。一是做事情和做事业的区别。大部分的人仅仅是在做事情，而不是在做事业。所谓敬业，是说一个人把自己做的事情看作是一件神圣的事业，因而全力以赴，兢兢业业。在西方，“职业”一词的原意是“上帝派给我的事情”。英文 Calling，德文 Beruf，都是这个意思。敬业的人，不是在给老板做事情，而是在为上帝做事业。我想，**只有拥有主人翁态度的人才会真正敬业。**

二是打工和当老板的区别。一个人往往会说，这个公司是老板的，不是我的，所以我只能做事情，而不能做事业。言外之意是，我和公司之间就是金钱交换，一分钱，一点工作。多一点不干。其实这些人不知道，老板也是上帝的打工仔，他也不能把公司带进棺材。反过来，**一个打工仔一样可以用主人翁的、老板的心态工作。而用这样的心态做事，最大的受益者不是老板或别人，而是你自己。**

这两点其实都不难理解，难在如何让人相信和信服这些“大道理”。怎么做到呢？就像我前面提到的——通过讲故事让大家了解为什么管理就是做主人翁，可能更能让人接受。因为无论对下属还是我们自己，通常不是道理带来的触动大，而是某一个非常具体的事情、案例，或者是故事。下面就是一个例子：

有一组铁路工人，在外面修铁路。一个火车头在他们面前停下，下来一个人。这个人和工头打招呼，两个人显得非常亲热，说了很多话之后那个人上火车走了。下属们就问这个工头，刚才那个人是谁啊？工头说他就是我们铁路局的局长，是我们上上下下最大的头。下面的工人就奇怪地问，你怎么跟他认识，而且那么熟悉？工头说这个非常简单，我们20年前是一起进公司的。工人问：为什么他做到了最大，当了局长，你怎么还是一个小工头啊？工头说：非常简单，我进了这个公司，一直是为了我的工资而工作。而这个局长从一开始就把铁路当作他一生的事业做。

其实事情就这么简单：两种不同的态度，一个是做主人翁，一个是打工仔，决定了这两个人不同的命运。想一想我们自己的经历，也是这个样子。**若是把一件事当作自己的事业来做，那最后这个公司可能就是你自己的，至少部分是你自己的。如若一直是打工的心态，那么你永远就是打工的。**而我认识的老板，几乎都希望有更多的员工能用老板的心态工作，而对这样的员工，他们也都不会吝啬。

宋博士管理微博

◎稻盛和夫说：引导人们采取正确的生活态度的简单的原理原则，就是哲学。不是晦涩难懂的桌上学问，而是从经验和实践中产生的“生动的哲学”。若问为什么必须确立这样的哲学，是因为当人在各种各样的境遇中感到迷失、苦恼、痛苦、为难的时候，这样的原理原则可以作为选择哪条道路、采取何种行动的判断标准。

我很认同，有什么样的观念，就有什么样的选择。有什么样的选择，就有什么样的结果。

53

放风筝中的“管理哲学”

看看周围的人，短期成功的人并不是因为这些人有多大能耐，而是他们在合适的时间做了一件合适的事情而已。风筝放起来之后，才看得出一个人真正的能耐。

有一次，受我的老朋友汪总之邀去深圳治颈椎病。每天上午去深圳平乐骨伤科医院接受有祖传手法且经验丰富，医德更令我敬佩的陈汴生副院长的推拿治疗，下午和汪总一起去公园或海边放风筝。汪总告诉我：他的一个朋友就是用每天放一两个小时风筝的方法治好了十几年顽疾的。果然，每次放完风筝就和做完推拿一样，脖子明显感觉到轻松许多。

放风筝的时候，有许多时间和汪总聊天。有一次，他看着天上的风筝说：其实女人管自家的男人要像放风筝一样，不能抓得太紧，太紧线可能断掉：男人可能受不了而跑掉。但也不能太松，太松风筝会掉下来：男人可能没有成就，养活不了女人。

我们每天面临的经营和管理问题何尝不是如此呢？放了一个星

期风筝，我从中得到了这样一些启示（可能有人会说：这么简单的东西算得了什么呢？有什么值得你去总结呢？但我相信，管理其实就这么简单，简单得像放风筝一样。还记得松下电器创始人松下幸之助老先生的说法吗？管理就是雨天出门记住带把伞！）

1. **花点钱买个好风筝，容易放起来。**经营管理中，多花些钱在您的产品研发、制造设备、管理系统上，这样能减少对您经营管理技能的要求和压力。当然有人有非常高超的个人能力，但更简单的做法是打造好自己的工具。

2. **没有风，风筝放不起来。有了大风，随便谁都能放起来。**看看周围的人，短期成功的人并不是因为这些人有多大能耐，而是他们在合适的时间（风/机会来到的时候）做了一件合适的事情而已。风筝放起来之后，才看得出一个人真正的能耐。无论如何，我们要学会当大风来临之时，我们已经准备完毕；或者，我们能主动找到我们生命中的大风。

3. **风筝放得越高，越稳。**高空的风速通常更大。即使风筝因暂时没风而滑落一些高度，还是有非常大的可能性碰上另一阵风，把风筝重新送上高空。企业的规模和发展速度是重要的，有了一定规模，意味着您有更大的抗风险能力，也意味着您能做更多的实验，找到新的风力。

4. **当风筝上升时，要全力放线。**有朋友在管理问答中问如何授权？这本是很难讲清楚的一件事情。但用放风筝的比喻，就非常容易讲清楚了：当您的下属能够胜任一件事时，要大胆放权授权。这个时候若紧握不放，后果可能就是断线。至少您失去了一个让风筝升得更高的机会。而我们知道：风筝管理学的第三定律是风筝放得越高越稳。

5. **当风筝下降时，要谨慎收线。**收线和风的作用是相似的，能够让风筝再次稳定下来。授权放权的必要条件，就是您手中握有控制的一条线：当事情没有按您的计划进展时，适当的介入、检查、讨论、沟通、帮助、改变、收权、收缩战线，让下滑的风筝重新升起来。如果这时您选择不做任何事情，有两种可能：风筝可能遇到新风，自己又升了起来；或者风筝会滑落到地上。

6. **放风筝只是一个游戏。**有些人的成就感是把风筝放到最高并且保持在高空。有些人的成就感是不断地让风筝从地上升起。这只是一个游戏。目标不一样，游戏也就不同。但上面的规律是一样的。

当我写完这封信时，我发现了黄小平先生写的一篇非常有寓意的文章。它告诉我们**如何在没风的情况下把风筝放起来：**

“小时候，在草地上放风筝，因为没有风，风筝怎么也飘不起来。于是，我沮丧地站在那里，等待着风的来临。

父亲走过来，问：“为什么不让手中的风筝飞起来呢？”

“没有风，风筝飞不起来。”我说。

“没有风？你自己不就是一股风吗？”

“我自己就是一股风？”

“对呀，你跑起来，不就是一股风了吗？”

我开始跑起来，我好像真的成了一股风，一股奔跑的风，一股热情奔放的风。风筝慢慢地升上了天空……

从那以后，每当遇到束手无策时，我就会想起父亲的这句话：

“跑起来，你就是一股风！”

您跑起来了吗？

54
放下，才能更好地拿起

放不下的原因其实很简单：我们怕失去。但非常有意思的是，当我们放下时，天不会塌下来。大多数情况下，情况还会变得比原来还好。

《中国企业家》杂志曾经采访我，和我探讨快速成长型企业面临的问题。他们告诉我，调查结果显示，**这类企业的老板认为他们最大的问题一半来自外部，一半来自内部。而内部最大的两个问题竟然是“创始人的瓶颈”和“企业文化”**。

我一点也不奇怪这个结果，因为在我的管理咨询培训实践中，我每天遇到的就是这样的事情。一段时间里，企业的核心问题是经营问题，当经营问题解决了，管理问题就会上升到主要问题。当管理问题解决了，又会出现经营问题，周而复始。而解决这两个问题的关键，在于企业高层的状况。**一个高速成长型企业的高层通常是创始人一个人，他个人的瓶颈就是企业的瓶颈，他个人的行为就决定了这个企业的文化**。所以企业内部的两个问题其实是一个问题。

高速成长的企业如何才能解决领导人这个瓶颈问题？他们“逼

迫”我最多用三个关键词给出一个建议。我给出的第一个关键词是“放下”。接着，我讲了我在xing网上发现的一个小故事：

在一个著名的道观里，住着一位非常有道行的静修道长。他每天都要在傍晚6时去喂他的狗。狗的名字很奇怪，叫“放下”。每到日落时分，静修道长就为“放下”送饭了，嘴里还一边呼唤着：“放下！放下！”

小弟子觉得很奇怪，就问道长：“为什么要给狗起这个奇怪的名字？人家的狗都叫阿黄、来福什么的，为什么您的狗叫‘放下’？”静修道长不语，让他们自己去悟。

小弟子就观察老道长，终于发现：每天当道长喂完狗后，就不再读经参道了，而是自己到院中打打太极拳、看看日落，放松地享受生活。小弟子向老道长说了他的观察。老道长微笑说：“你终于明白了。我在叫狗的时候，其实也是叫自己‘放下’，让自己放下许多事情。因为人们不可能在一天内做完所有的事情，你只要将一天中最重要的事情做完就已经很好了。”

很多人，尤其是老板，最大的问题是放不下心来。我们因此盯着很多小事情，因此把每天的日程安排得满满的，因此没有时间清醒自己的头脑，因此没有时间思考大问题、重要的问题、战略的问题、效率的问题、学习的问题和个人成长的问题。从而变成了时间的奴隶、小事的奴隶、重复的奴隶。最终觉得活得很累，很痛苦。

放不下的原因其实很简单：我们怕失去。但非常有意思的是，当我们放下时，天不会塌下来。大部分情况下，情况还会变得比原来更好。

我在大连的一位客户曾担心自己生孩子，离开公司几个月会影响生意。结果孩子生下来了，公司也发展了。

我在杭州的一位客户因为严重的疾病不得不住院几个月，没有办法关心公司的日常业务。结果公司的业务比往年增长更多，他也因住院而有时间思考公司的方向性问题。

对普通的员工而言，道理也一样：多花些时间和上司沟通工作的内容，多花些时间想想解决问题更好的办法，比拼体力、重复劳动更好。

放下，才能更好地拿起。

:: 宋博士管理微博

◎老板离开公司有三个好处：1）有距离才能有思考。远离繁忙的工作，才能想清楚工作的正确方向。越是离不开公司的老板，越有离开公司的必要；2）老板离开公司和日常工作，就是给自己的同事空间，他们能在一段时间内不被打扰地做一些事情；3）能减少员工对自己的依赖。其实很多员工是很有能力的，但老板总是在做决定，他们就不好做决定了，也就显示不出他们的才华。

55

应对职场压力的8个要点

生活的关键不是拒绝压力，而是接受压力、调节压力，不让压力把自己压垮。

身在职场，我们每天都面临各种各样的压力。对员工来说，压力可能来自完成任务、平衡工作和家庭以及融入团队；对老板来说，压力可能来自公司的生存和发展。压力通常来自三个方面：我们的上司、我们的同事以及我们自身。当别人对我们或我们自己有了期望的时候，压力就随之而来。直觉告诉我们，压力不是一件好事。压力让我们烦恼，让我们睡不着觉，让我们萎靡不振。

但压力未必是一件坏事。如果人的身上没有血压，血液就流动不起来，人的生命就会终结。血压过低，我们也会有不舒服的感觉，甚至会生病。**没有压力的世界是一个没有生命的世界，没有压力的公司是一个没有动力的公司。**无论是做企业、在职场中工作或者参加体育运动，我们都能发现“压力使人进步”。生活的关键不是拒绝压力，而是接受压力、调节压力，不让压力把自己压垮。就像人既不能低血压，也不能高血压。

如何应对压力？我根据自己的经验总结了八个要点，也许对您有用：

一、锻炼身体

一个人生病的时候是最难以承受压力的时候，健康的身体是我们应对压力的前提。

二、接受压力

很多人之所以没有办法应对压力，是因为自己抗拒压力、逃避压力、不愿意面对压力。其实我们一旦选择了某一条道路，总会有相应的麻烦和问题。**世界上几乎没有一件值得做的事情是可以轻松做到的。**接受压力，相信“压力是进步的代价”，能够帮助我们从理性层面做好应对压力的准备。

三、解决问题，而不是抱怨问题

很多人面临压力的时候，不是想办法解决问题，而是抱怨周围的一切。例如抱怨带给自己压力的环境、带给自己压力的上司、带给自己压力的同事……唯独没有意识到真正有问题的是我们自己。抱怨解决不了问题；解决不了问题，就没有办法减轻压力。

四、倾诉，让别人帮助自己

很多压力是我们自己无法化解的，合理的做法是向自己的同事、朋友、上司甚至是下属倾诉自己的问题，请求得到别人的帮助。这样做奏效的前提是，我们不想把压力转移给别人，而是为解决问题而寻求别人的帮助和支持。

五、相信“成事在天，谋事在人”

把“谋事在人”当成重点，我们应该全力以赴做好我们应该做的事情，勇敢地面对压力。我们也可以把这句话反过来念：“谋事在人，成事在天”。这样我们会有一个平和的心态：如果一件事我们已经尽力，还是达不到目标，结果也可以接受了。但千万不能把这句话当作借口。

六、调整目标和期望

有些时候，老板不仅给员工定的目标是不切实际的，而且给自己的目标也可能是不切实际的。如果是这样，我们要懂得适时适当地调整自己的目标。人生的智慧在于明白什么是可以实现的，什么是不可以实现的；想尽一切办法实现可以实现的，勇敢地放弃无法实现的。

七、帮助别人就是帮助自己

很多管理者认为把任务布置下去，自己就没有问题了。他们认为把压力放到了别人身上，自己就能够从压力中解脱。尽管下放责任是管理者的权力，但是千万不要忘记，授权的“孪生姐妹”是辅导，是帮助下属完成任务、减轻压力。帮助别人就是帮助自己。

八、通过沟通找到合适的压力范围

像前面提到的血压比喻一样，压力不够或者压力过大，都会导致一个人无法正常生活、一个企业无法正常运作。无论是家庭还是企业，我们的一个重要任务就是通过不断地沟通找到适合我们的压力范围，找到生活上、工作上、经营上的平衡。沟通，是我们发现适合自己的压力范围的最好途径。

56
德国人、美国人和中国人

德国人的执着造就了德国质量，美国人的自由散漫可能就是其创新能力的根源，中国人的变通则是复制别人的东西，而很少能产生突破性的创新。

受中国人民友好协会邀请，我曾参加过在中山公园音乐厅举行的德中建交35周年庆祝活动，从很远的位置聆听了温家宝总理和默克尔总理的讲话。尽管现在已经记不得他们的讲话内容，但我还是可以（虚荣地）给人说，我“见过”中国和德国的总理了。

在活动开始前，非常幸运地遇到了一位老朋友，德国《Manager Magazin》（可直译为《经理人杂志》）的老记者 Wolfgang Hirn 先生。十多年前，我曾经接受过他的采访，并且邀请他为我们留德同学会做过一个关于媒体与企业关系的演讲。记得他的主要观点是说，媒体是企业的朋友，企业只有在媒体的批评帮助下才能健康发展。他举的例子是 SAP，德国的 ERP 软件巨头。他说 SAP 的发展很大程度上得益于一个老挑它毛病的专业杂志，正是这个挑剔的媒体让 SAP 在发展过程中避免了很多可能出现的问题。我当时还在罗兰·贝格做咨询，有感而发，在《中国经营报》的专栏里发表了一篇题为“媒体批评是免费的咨询”的文章。

活动后第二天，我约他和我一起吃饭聊天。十年过去了，他名片上的身份依然是记者，依然在过去的位置上工作，依然勤奋地发表文章。他为之工作的杂志，依然是经理人必读的刊物，我回国这么多年了，也依然是这个杂志的订户。值得一提的是，从 1986 年起他不间断地访问中国，研究中国经济的发展，他写的关于中国经济发展的一本书，“不经意间”成为了德国经济类的畅销书，已经出到第七版了。

我认识的德国人，很多像他这样：专注于某一个领域，表面上看没有什么变化，但时间把他们都打磨成了某一个方面的专家。我们都欣赏的德国经济（德国产品、德国机器、德国电器）质量，是由无数个这样的专业人士打造、形成和维护的。

不知你听过这个故事没有：

一个美国士兵，一个德国士兵和一个中国士兵接到同样的命令：一直向前走。士兵们走着走着，走到了悬崖边。

美国士兵的反应是：撒腿向后跑。他想到的是自己，自己生命的价值。他不愿意无谓地丧失生命。

德国士兵的反应是：继续往前走，因为他是一个士兵，士兵的天命是服从。

中国士兵的反应是：既不向前，也不向后，而是原地踏步走。他想到的是变通：如何做才能既不违反命令，又不让自己受到伤害。

我过去常用这个故事和德国人开玩笑，用它展现中国人的智慧、德国人的笨拙以及美国人的散漫。我相信最后的胜利属于我们智慧的中国人。但仔细想想，这是个错误的结论。

这个世界是多元的，像 Hirn 先生那样的德国人的执着造就了德国质量，中国人的变通则让我们没有想更多的办法去解决根本性的质量问题，而是绕开问题。美国人的自由散漫可能就是其创新能力的根源，中国人的变通则是复制（和在复制的基础上修改）别人的东西，而很少能产生突破性的创新。

我不知道能不能做到，但我还是想说：**为了我们更好的未来，让我们多些德国人的执着态度，多些美国人的创新精神，少些（常常是）自欺欺人的变通！**

宋博士管理微博

◎有三类员工：一类能忠实地执行而不会变通；一类因过于变通而让事情走样；优秀的员工是那些既能根据实际情况变通，又不违背原则的人。

57

做好人，不吃亏

利人利己者，他们的目标是双赢，所做的事情也是双赢的事情。“不作恶”是这类人和企业共同的原则。一个“和谐”社会的基础应该是由这类人组成的。

某个周末去一家餐馆为一个亲戚过生日。快到地方时，被堵在了路上，过了二十多分钟才过去。堵车在北京是司空见惯的事情，本来没有什么好说的。但让我思考的是这次（和很多次）堵车形成的过程：首先，有人在一个窄狭的路上为了超车把车开到了对面的车道。然后，对面来了车，他无法前进，试图回到原来的车道，但原来车道上的人当然不让他。再然后，对面车道后面的车等得有些不耐烦，就开到他们对面的车道上。一来二去，整个道路就堵上了。

在这个过程中，我看到两类人和两种行动：一类是损人利己者（那个试图不排队超车者），另一类是损人不利己者（a. 不让超车的人回来的人；b. 对面的试图超车者，他明明知道自己无法通过，但还是把对面来车的路堵死）。

我们当然有充分的理由谴责“损人利己者”，但我认为“损人不利己者”比前者更值得关注，因为后者通常被人同情（他们不是先做错事的），后者的人数比例更大，也更不理性（报复心大于对自己行为结果的关注）。尽管他们不是坏事的起源，但他们的反应却往往无限放大了前者的危害。

从人与人之间利益关系的角度，我们可以把一个人和他做的事分成四种类型：

第一类是利人不利己者，这是高尚的人，像雷锋这样的人。我们无法在现实中要求别人这么做。我也不相信一个社会里会有很多这样的人，但我们自己可以试图这么做。做“好人”的理由，我接下来说。

第二类是利人利己者，我相信企业家和真正的商人是这种人。我也相信我们大部分人是这种人。我们的目标是双赢，我们要做的事情也是双赢的事情。“不作恶”这条Google的企业原则，其实是这类人和企业共同的原则。一个“和谐”社会的基础应该是由这类人组成的。

第三类是前面提到的损人利己者，这些人当然应该受到道德的谴责。一个社会、一个行业、一个企业里这样的人越少越好。所幸的是，我们很容易辨认这一类人，并把他们列入我们的“黑名单”。

第四类就是损人不利己者。我相信，这种人对社会的危害更大，因为这些人或这种行为通常更容易得到我们的同情。我们常常把注意力和谴责放在第三类人身上，而因为第四类人不是一件坏事的起源而同情他们的行为。但第四类人的行为往往大大强化了第三类人带来的恶果，就像我们开头的例子一样。

上大学的时候选学了社会学。当时给我最大震撼的是这样一条社会学定律：**你的意图和你行为的结果往往恰恰相反。**

做好人的理由是：当你有利人的想法时，你最可能得到利己的结果！一个员工不计代价地为公司着想，往往带来的是上司的青睐和提拔。这是我个人打工时的经验。相反，当你仅仅想着自己利益的时候，可能得不到利己的结果。一个对自己利益斤斤计较的员工通常不会得到上司的青睐和提拔。

你是哪一类人？又在做哪一类事情？

∷ 宋博士管理微博（推荐）

◎帮助他人获得利益而不是夺取其利益，他们就会忠诚追随你，你的成就将远在众人之上；捡拾他人抛弃或看不见的利益，你的收获将远在常人之上。

◎把困难留给自己，把舒服留给别人，这样做的是好人。把复杂留给自己，把简单留给客户，这样做的企业是好企业。以这样的标准看世界，好人太少，好企业太少。

58

影响我一生的三句格言

做事的格言：十分耕耘，十分收获。

做人的格言：小赢靠术，大赢靠德。

方法的格言：不做第一，就做唯一。

《英才》杂志曾经采访我，说他们有一个选题，就是对恢复高考三十年做个回顾，因此想找一些当年的高考状元谈谈，而我曾经是1979年河南省的理科高考第一。

记者提出了很多尖锐的问题，让我不得不陷入思考。其中的一个是：什么是成功？你是否认为自己是成功的？

我的答案是：**成功没有标准。今天辉煌的，明天可能黯然失色。今天痛苦挣扎的，明天可能变为耀眼的明星。只要你和你的企业活着，你就有成功和成长的机会。活着，是做人和做企业最低的标准。**

记者的问题，也让我想在此总结一下我相信的人生格言。我不知道你如何看，但对我来说，**一句真正被理解和执行的格言，胜读十年书**。格言，是浓缩的智慧。智慧远比知识重要。现代人最不缺的是知识，最缺的是智慧。

我相信的第一个是做事的格言：十分耕耘，十分收获。

我不记得是在什么地方看到这句话的。但我相信这样的表述比一分耕耘，一分收获更接近人生的真相。我们做企业也好，做学问也好，通常不会投入一点就有一点收获，通常是投入一点，没有一点收获。投入两点三点，可能还没有任何收获。可能投入九点，也还是没有一点收获。只有当你投入了全部，才能得到全部的收获。冠军，通常是投入了全部，坚持到最后，才被幸运女神眷顾的人。

我相信的第二个是做人的格言：小赢靠术，大赢靠德。

赢，并不仅仅是指财富的多少。客户的赞赏、观众的掌声和同事的微笑，都可以是你赢的标志。但即便是金钱的输赢，我也相信能长期赚大钱的是那些有德行的人，那些首先考虑自己能给别人什么的人，那些善于分享的人，那些有理想的人，那些不贪婪的人，那些懂得财散人聚道理的人。

我相信的第三个格言是方法的格言：不做第一，就做唯一。

高考状元是幸运的，因为他们曾经是第一。作为其中一员我知道，这个第一肯定对未来有好处：他们更容易获得关注和信任，更容易得到种种资源。一个企业成为行业的第一，好处也是不言而喻的。问题是第一在一个领域永远只有一个。如果不能做第一，就做唯一！做和第一不一样的事情，做独一无二事情！第一的路只有一条，唯一的机会则是无穷多的。

向登山者学管理智慧

十几年前，罗兰·贝格的同事带我去过阿尔卑斯山的一个山中小屋。在那里，我度过了辛苦但令人振奋的三天。八月份，借助去欧洲出差的机会，我又来到了这个久违的小屋，重温了十几年前的经历。

到达的第二天，我便登上了附近的一座高达1884米的山峰。在山顶，我遇到了负责救援的一位经验丰富的老者，并和他一起下山。在长达两个多小时的路途中，他教会了我许多登山者应该掌握的知识。仔细想来，这些登山者的智慧，也是我们管理者应该掌握的：

1. 登山者一次只有一个目标。
2. 登山的乐趣在途中。
3. 但不要留恋路上的花草。
4. 看远一点，才能走好眼前的一步。
5. 越是艰险的地方，越要走小步。
6. 穿结实的鞋子。
7. 只踩不动的石头。
8. 求援时顺风呼叫。

9. 登到1000米以上，每个人都是朋友。

10. 不在走路时吃喝，但过一个小时要休息一次。

11. 近的路往往费时。

12. 你没有办法改变坏天气，但可以为坏天气做准备。

13. 下雨也不要生气，因为这时候整个山峰都属于你。

14. 下雨也要高兴，因为还可能下大雨。

15. 接受别人的礼物，但也要送礼给别人。

16. 山顶的风光是最好的。

17. 但没有人能在山顶永远待下去。

18. 下山比上山难。

19. 拥有下一个目标是幸福的。

作为管理者，我们可以向成功的企业学习，可以“向解放军学习”，但也可以向登山者学习。

中央人民广播电台经济之声宋新宇博士访谈录

给企业业家一把“金斧头”

栏　目：中央人民广播电台 经济之声《财富人生》

主持人：纪春

片花：

17 年留德、8 年欧洲著名公司工作背景；

他被德国人称为是中国最成功的战略专家；

10 年前归国创业，决心送给中国企业管理者一把“金斧头”；

听他的课需要 3800 元，可报名热线却还是被打爆；

他希望 40 年后仍有企业记住他的名字；

他是一个低调清醒的理想主义者；

他就是易中创业科技有限公司董事长——宋新宇博士

访谈内容：

从罗兰·贝格到易中创业

主持人： 您涉足管理咨询业是在1993年，在这个行业里拼搏了十多年，感觉如何？

宋新宇： 总体来说，我非常喜欢这个行业，或者说热爱这个行业。我是最早进入中国咨询业的人员之一，了解我的人常称我为中国咨询业的“元老”。确实，我经历了中国咨询业从无到有，从弱小到兴盛的整个过程。最开始进入这个行业，就像是在冬天里卖冰棍，非常困难。因为那时人们只知道点子公司，并不了解咨询公司。是我们在90年代初，把管理咨询带到了中国。我之所以喜欢这个行业，是因为在这个行业中能够获得快速的成长，在这个行业中工作一年所学到的东西，相当于在其他行业工作5年所学到的东西。

主持人： 刚刚介入到这个行业，您是罗兰·贝格国际管理咨询公司的合伙人，也是这家知名的管理咨询公司中的第一位中国人，是一个什么样的机会让您得以介入到管理咨询行业？

宋新宇： 当初加入罗兰·贝格这个欧洲最大的管理咨询公司，完全是出于偶然。因为，我开始是以河南省理科高考第一名的成绩考入北大，准备学数学，可是80年代初我国急需管理人才，于是我和其他100多名来自不同学校的学生被选送到德国去学管理。在德国，读完博士后，我加入了德意志银行，作为未来亚太区的管理者而接受其培训。当时，有一位美国人来我的部门实习，然后去了罗兰·贝格工作。他听说罗兰·贝格要在中国开展业务，所以把我介绍了过去。而我也正想回中国做一些事情，所以离开了德意志银行而加入了罗兰·贝格，因为当时在德意志银行，我看不到何时才能回到中国，而罗兰·贝格可以直接将我派回中国工作。

主持人：到1999年，您已经是罗兰·贝格中国区总经理了，在这样一家大公司工作，薪酬是不是也相当可观？您有哪些方面的收获？

宋新宇：是的，当时的薪酬确实很可观。在那时，咨询行业的工资一般高出工业界的20%～30%，因此，我一年也有几百万的收入。但是，我认为更重要的收获是那些无形的收入，它对我的一生都有帮助。比如，罗兰·贝格给了我机会，让我去打拼整个中国的业务。

在这6～7年中，我学会了如何去开拓市场，如何建立品牌，虽然其过程艰难如冬天里卖冰棍，但回想起来却是非常幸福的，它让我学会了如何把一件事从无到有做起来。在这个过程中，我也学会了如何去帮助客户。拿西门子来说，是我们帮助它建立起了销售店铺和销售队伍，建立起了它在中国的整个业务，虽然其中充满挑战，但很值得。在这个过程中，我也学会了如何去管理一个队伍。大家都知道，咨询行业的人员流动率很高，但我在管理罗兰·贝格队伍时，却做到了让其人员流动率保持在一个较低水平。当然，这一方面是因为咨询行业自身具有吸引力，我们做的事情很有趣，有成就感；但另一方面，也因为我个人同他们相处的确实不错。

主持人：外人看来，工作事业稳定，又功成名就。但您还是感觉到有不满足的地方，能告诉我们您在哪些地方不满足吗？

宋新宇：我想，主要有三个方面吧。第一，这样的大咨询公司只为少数几家大企业服务，如联想、华润、青岛啤酒、西门子等，而我的理想是为成千上百万的企业服务；第二，当我做到第七年的时候，我感觉每天所做的事情只是重复了，先是找项目，然后做项目，做完项目后再去找项目，然后再做项目，这样周而复始，没有那么大的挑战性了；第三，可能我这个人有很重的中国人情结，希望最后还是在中国人的公司工作或者在自己的公司工作。

主持人：没有理想就没有前进的动力，您1999年决定自己创办公司是基于哪些方面的考虑？

宋新宇：首先，是因为我希望我不只是为少数几家大企业服务，而是为成千上万甚至上百万的中小企业服务，他们更需要管理方面的知识；其次，我出生于六十年代，那个年代出生的好多人都有当老师的梦想，我也不例外，易中公司是一家基于管理咨询的培训公司，所以这也算是我在实现年轻时候的一个梦想吧。

主持人：这样一家公司承载了您怎样的事业理想？

宋新宇：我先来解释一下“易中”这个名字的含义。“易”是改变，“中”是中国，“易中”即改变中国的意思。我希望用我自己微薄的力量或用易中公司微薄的力量，为改变中国的管理现状而做一些事。我们的定位是，**做中小企业终生的管理伙伴**。中国有两三千万的中小企业，我希望我们能成为他们一生的伴侣，能给他们提供持续不断的帮助。我们的口号是**传播知识，创造财富**。只有当我们帮助我们的客户创造了财富，我们自己才能创造我们的财富，而传播知识是我们的手段。我们对我们自己的要求是，我们的产品、培训和咨询都要实用、系统和简单。因为中小企业需要的是拿来就能用的知识，需要的是简单的、容易理解的知识和系统的知识，而不是支离破碎的知识。

做成长型企业的终身伙伴

主持人：您是一个低调清醒的理想主义者，怎么理解？

宋新宇：说我是理想主义者，这可能是因为：第一，我做事情不是为了钱，或者不只是为了钱，而确实是想做成一些事，改变一些现状；第二，我这个人不太喜欢走容易走的路，而是想走从来没有人走过的路，这两方面可能都带有理想主义的色彩吧。说我低调，是因为我始终相信谦虚是一种美德。我在德国呆了17年，受德国文化的熏陶较多，同时受中国传统文化的影响也较深，我觉得低调是应该的，一个人不管取得了多么大的成功，也没有什么值得骄傲的，他还可以做得更好。

主持人：您曾经说，您的公司就是要传播知识、创造财富。新公司创办之初，要寻找到那些信任您、愿意接受你们公司服务的企业容易吗？过去背靠大公司的时候，拓展业务是不是更容易一些？

宋新宇：坦诚的说，公司创办之初确实很不容易，最大的落差可以从外表上看出来。举例来说，我在罗兰·贝格的时候，外出时住的酒店都是5星级的，因为公司规定必须这样做。而我自己创业时，最多只能住3星级酒店，开始开培训课时所用的投影仪的幕布都是酒店的被单。确实，没有罗兰·贝格这样的品牌，没有这样的大公司作为背景，做起事来要艰难很多，因为我们没有客户资源、没有产品、没有渠道。但是，要想创业，要想做成一件事，必须要有耐心。我马上要讲的一门关于创业的新课，讲到创业的三个阶段，其中最重要的一个阶段就是要有耐心，要等待胜利到来的那一天。

主持人：在和众多国内企业打交道的过程中，您感到一种沉重的压力，为什么？

宋新宇：有两方面的原因吧。一方面，中国的中小企业非常缺乏管理知识。我在山东的一位客户，是做兽药的，曾请我去给他的客户做培训，在这方面他最有感触。因为他的这些客户都是养鸡的大企业，有些甚至是几个亿的大企业，但因为这些企业的管理者往往都是农民出身，不懂管理，这必然存在很大风险。但这个问题还算容易解决，因为知识嘛，只要用心去学，是总能够学会的。

让我感到沉重的另一个原因，那就是道德的缺失。许多企业太急功近利，太不讲道德了。在做我的《营销久赢的八大方法》教程时做过大量的调查，针对营销，大部分企业感到最头疼、最困难的事是回款难，因为很多人都不守信用，你把产品卖给他了，但他却迟迟不肯付钱，这确实是让人感觉最为沉重的。

不过近几年来，中国企业的道德问题已经有所改善了。我们易中公司的所有 VCD 教程，都采用免费试看四周的方式，客户只要打一个电话或发个传真，我们就会给他快递过去。如果客户试看满意就付款，不满意他只需将教程退回给我们即可，他们没有任何风险。而事实上，我们在承担着巨大的成本风险，因为有很多人免费试看后既不付款，也不将教程退回给我们，而是无偿地据为己有。但我们并没有因为这些少数的不讲道德的人而停止不前，我们相信大多数人还是守信用的，所以我们的这种“免费试看四周”的商业模式已经运行了整整 7 年，而事实也证明，这几年人们的道德状况确实好了很多。

主持人：您经过潜心研究，推出了“成功战略培训课”，很多人都来听您的课的时候，您却说，“少就是多”，这怎么理解？

宋新宇：我的课程最大的一个特点就是简单；我讲的少就是多，

就是提倡我们做事情要简单，经营也好，管理也好，做的事情少，反倒可能把事情做好了。例如，麦当劳和中餐馆，麦当劳卖的产品肯定没有中餐馆多，但麦当劳的收入肯定远远高于中餐馆；再如，投资界的股神巴菲特，他一年只投一个股票，但他赚的钱是最多的；再如，万科的王石，他做的是减法而非加法，但万科是地产界的一棵常青树。我的许多客户，他们在一个行业中做得很棒，但因为这个行业小，他们并不为人所知，我称他们为隐藏的冠军，实际上他们就是这么做的。所谓一寸宽，一里深，就是要把它做透了。我对自己定的规则是，一年只讲一门课，但这门课必须是新课，要少讲课，但要讲精课，我不想老是重复过去讲的内容。

主持人：刚才有这么多的听众向您提问题，您是不是因为有很多的讲课经验，所以在表达方面能特别吸引别人的注意啊？

宋新宇：实际上，我讲课是讲得最没有风采的；但我靠的是内容，靠的是实在，靠的是我的经验和我的系统。

在奋斗中获得快乐

主持人：刚才您说了要给中国的企业管理者一些“金斧头”，这是什么样的“金斧头”？

宋新宇：这是个形象的比喻，事实上，在我的四个教程《企业成功的八大原则》、《有效管理者的八大工具》、《营销久赢的八大方法》和《控制与激励的 5 个系统》中，我给大家提供了很多管理方法和技巧，很难说它是一把、两把或三把“斧头”；

今天我给大家带来两把“金斧头”：一把是“经营”的金斧头。举一个例子，我经常告诉我的客户，不要随大流，不要扩展你的客户，而要裁减你的客户。我山东的一个做啤酒的客户，用了这一招，把200多的客户裁减为80多个，几个月内它的销售量就增加了好几倍，这其实和我前面讲的“少就是多”是一致的；

我带给大家的第二把斧头是“管理”的金斧头。我在上海的一个客户，是做服装的，我们帮他将原来的10个部门砍为了5个部门，表面上看这只是数字上的变化，但实际上整个企业的管理发生了巨大的变化。

主持人：您给这么多企业把脉诊断，最终都能找到合适的药方，您怎么会有这么多好的方法？是从书本上学到的，还是自己苦思冥想，还是慢慢积累形成的？

宋新宇：我想应该是两方面。我们讲的“经理”这个词，拆分开讲，就是经验加上理论。实际上，我的很多方法来自于经验，我自己的经验和我客户的经验。我们易中公司在全国有十几万客户，他们的经验是非常宝贵的，是我无穷无尽的学习来源。但是反过来，我也很注重理论的学习。因为任何一个企业，要想做大做强，没有理论的支持，光凭经验是走不远的。

主持人：您曾经说过，职场不败法则是打造个人品牌，怎么理解？

宋新宇：跟企业的终极目标是创建企业品牌一样，作为在职场的每个人，应该打造个人的品牌。我的一位德国朋友，我们跟他有个合资公司Openbc，其创始人拉斯，曾预测说，未来的世界中，企业都是由单个的人组成的，人与人之间是项目的关系，个人的品牌显得更重要。因为别人愿不愿意和你一起合作，完全看你的口碑，看你原来的同事是不是愿意推荐你。

主持人：我发现您是一个在事业上特别有斗志的人，为什么您总能保持这种旺盛的斗志？您不喜欢安逸悠闲的生活吗？

宋新宇：这是每一个人的选择吧。对我来讲，我要的不是安逸，而是创造，在奋斗当中获得快乐；我要的不仅仅是金钱，我要的是事业；我要的不是享受，我要的是责任，对家庭、公司和社会的责任。德国人有一句话说，你如果有钱，有资产，那么其实这是一种责任，不是说你可以去挥霍，而是你要对这个金钱、资产负起责任。

主持人：好，非常好的一句话，节目的最后送给大家。非常感谢宋先生来到节目的直播间和大家共同交流，也非常感谢大家的收听！

宋新宇：谢谢！

企业案例·老板传记

	书名.作者	内容/特色	读者价值
企业案例·老板传记	**你不知道的加多宝：原市场部高管讲述** 曲宗恺　牛玮娜　著	前加多宝高管解读加多宝	全景式解读，原汁原味
	借力咨询：德邦成长背后的秘密 官同良　王祥伍　著	讲述德邦是如何借助咨询公司的力量进行自身与发展的	来自德邦内部的第一线资料，真实、珍贵，令人受益匪浅
	收购后怎样有效整合：一个重工业收购整合实录（待出版） 李少星　著	讲述企业并购后的事	语言轻松活泼，对并购后的企业有借鉴作用
	娃哈哈区域标杆：豫北市场营销实录 罗宏文　赵晓萌　等著	本书从区域的角度来写娃哈哈河南分公司豫北市场是怎么进行区域市场营销，成为娃哈哈全国第一大市场、全国增量第一高市场的一些操作方法	参考性、指导性，一线真实资料
	六个核桃凭什么：从0过100亿 张学军　著	首部全面揭秘养元六个核桃裂变式成长的巨著	学习优秀企业的成长路径，了解其背后的理论体系
	像六个核桃一样：打造畅销品的36个简明法则 王　超　范　萍　著	本书分上下两篇：包括“六个核桃”的营销战略历程和36条畅销法则	知名企业的战略历程极具参考价值，36条法则提供操作方法
	解决方案营销实战案例 刘祖轲　著	用10个真案例讲明白什么是工业品的解决方案式营销，实战、实用	有干货、真正操作过的才能写得出来
	招招见销量的营销常识 刘文新　著	如何让每一个营销动作都直指销量	适合中小企业，看了就能用
	我们的营销真案例 联纵智达研究院　著	五芳斋粽子从区域到全国/诺贝尔瓷砖门店销量提升/利豪家具出口转内销/汤臣倍健的营销模式	选择的案例都很有代表性，实在、实操！
	中国营销战实录：令人拍案叫绝的营销真案例 联纵智达　著	51个案例，42家企业，38万字，18年，累计2000余人次参与……	最真实的营销案例，全是一线记录，开阔眼界
	双剑破局：沈坤营销策划案例集 沈　坤　著	双剑公司多年来的精选案例解析集，阐述了项目策划中每一个营销策略的诞生过程，策划角度和方法	一线真实案例，与众不同的策划角度令人拍案叫绝、受益匪浅
	宗：一位制造业企业家的思考 杨　涛　著	1993年创业，引领企业平稳发展20多年，分享独到的心得体会	难得的一本老板分享经验的书
	简单思考：AMT咨询创始人自述 孔祥云　著	著名咨询公司（AMT）的CEO创业历程中点点滴滴的经验与思考	每一位咨询人，每一位创业者和管理经营者，都值得一读
	边干边学做老板 黄中强　著	创业20多年的老板，有经验、能写、又愿意分享，这样的书很少	处处共鸣，帮助中小企业老板少走弯路
	三四线城市超市如何快速成长：解密甘雨亭 IBMG国际商业管理集团　著	国内外标杆企业的经验＋本土实践量化数据＋操作步骤、方法	通俗易懂，行业经验丰富，宝贵的行业量化数据，关键思路和步骤
	中国首家未来超市：解密安徽乐城 IBMG国际商业管理集团　著	本书深入挖掘了安徽乐城超市的试验案例，为零售企业未来的发展提供了一条可借鉴之路	通俗易懂，行业经验丰富，宝贵的行业量化数据，关键思路和步骤

续表

互联网 +			
书名．作者		内容/特色	读者价值
互联网+	**互联网时代的银行转型** 韩友诚　著	以大量案例形式为读者全面展示和分析了银行的互联网金融转型应对之道	结合本土银行转型发展案例的书籍
	正在发生的转型升级·实践 本土管理实践与创新论坛　著	企业在快速变革期所展现出的管理变革新成果、新方法、新案例	重点突出对于未来企业管理相关领域的趋势研判
	触发需求：互联网新营销样本·水产 何足奇　著	传统产业都在苦闷中挣扎前行，本书通过鲜活的案例告诉你如何以需求链整合供应链，从而把大家熟知的传统行业打碎了重构、重做一遍	全是干货，值得细读学习，并且作者的理论已经经过了他亲自操刀的实践检验，效果惊人，就在书中全景展示
	移动互联新玩法：未来商业的格局和趋势 史贤龙　著	传统商业、电商、移动互联，三个世界并存，这种新格局的玩法一定要懂	看清热点的本质，把握行业先机，一本书搞定移动互联网
	微商生意经：真实再现33个成功案例操作全程 伏泓霖　罗晓慧　著	本书为33个真实案例，分享案例主人公在做微商过程中的经验教训	案例真实，有借鉴意义
	阿里巴巴实战运营——14招玩转诚信通 聂志新　著	本书主要介绍阿里巴巴诚信通的十四个基本推广操作，从而帮助使用诚信通的用户及企业更好地提升业绩	基本操作，很多可以边学边用，简单易学
	今后这样做品牌：移动互联时代的品牌营销策略 蒋　军　著	与移动互联紧密结合，告诉你老方法还能不能用，新方法怎么用	今后这样做品牌就对了
	互联网+"变"与"不变"：本土管理实践与创新论坛集萃．2016 本土管理实践与创新论坛　著	本土管理领域正在产生自己独特的理论和模式，尤其在移动互联时代，有很多新课题需要本土专家们一起研究	帮助读者拓宽眼界、突破思维
	创造增量市场：传统企业互联网转型之道 刘红明　著	传统企业需要用互联网思维去创造增量，而不是用电子商务去转移传统业务的存量	教你怎么在"互联网+"的海洋中创造实实在在的增量
	重生战略：移动互联网和大数据时代的转型法则 沈　拓　著	在移动互联网和大数据时代，传统企业转型如同生命体打算与再造，称之为"重生战略"	帮助企业认清移动互联网环境下的变化和应对之道
	画出公司的互联网进化路线图：用互联网思维重塑产品、客户和价值 李　蓓　著	18个问题帮助企业一步步梳理出互联网转型思路	思路清晰、案例丰富，非常有启发性
	7个转变，让公司3年胜出 李　蓓　著	消费者主权时代，企业该怎么办	这就是互联网思维，老板有能这样想，肯定倒不了
	跳出同质思维，从跟随到领先 郭　剑　著	66个精彩案例剖析，帮助老板突破行业长期思维惯性	做企业竟然有这么多玩法，开眼界

续表

行业类：零售、白酒、食品/快消品、农业、医药、建材家居等			
书名．作者		内容/特色	读者价值
零售·超市·餐饮·服装	**1. 总部有多强大，门店就能走多远** **2. 超市卖场定价策略与品类管理** **3. 连锁零售企业招聘与培训破解之道** **4. 中国首家未来超市：解密安徽乐城** **5. 三四线城市超市如何快速成长：解密甘雨亭** IBMG 国际商业管理集团　著	国内外标杆企业的经验 + 本土实践量化数据 + 操作步骤、方法	通俗易懂，行业经验丰富，宝贵的行业量化数据，关键思路和步骤
	涨价也能卖到翻 村松达夫　【日】	提升客单价的 15 种实用、有效的方法	日本企业在这方面非常值得学习和借鉴
	移动互联下的超市升级 联商网专栏频道　著	深度解析超市转型升级重点	帮助零售企业把握全局、看清方向
	手把手教你做专业督导：专卖店、连锁店 熊亚柱　著	从督导的职能、作用，在工作中需要的专业技能、方法，都提供了详细的解读和训练办法，同时附有大量的表单工具	无论是店铺需要统一培训，还是个人想成为优秀的督导，有这一本就够了
	百货零售全渠道营销策略 陈继展　著	没有照本宣科、说教式的絮叨，只有笔者对行业的认知与理解，庖丁解牛式的逐项解析、展开	通俗易懂，花极少的时间快速掌握该领域的知识及趋势
	零售：把客流变成购买力 丁　昀　著	如何通过不断升级产品和体验式服务来经营客流	如何进行体验营销，国外的好经营，这方面有启发
	餐饮企业经营策略第一书 吴　坚　著	分别从产品、顾客、市场、盈利模式等几个方面，对现阶段餐饮企业的发展提出策略和思路	第一本专业的、高端的餐饮企业经营指导书
	电影院的下一个黄金十年：开发·差异化·案例 李保煜　著	对目前电影院市场存大的问题及如何解决进行了探讨与解读	多角度了解电影院运营方式及代表性案例
	赚不赚钱靠店长：从懂管理到会经营 孙彩军　著	通过生动的案例来进行剖析，注重门店管理细节方面的能力提升	帮助终端门店店长在管理门店的过程中实现经营思路的拓展与突破
耐消品	**汽车配件这样卖：汽车后市场销售秘诀 100 条** 俞士耀　著	汽配销售业务员必读，手把手教授最实用的方法，轻松得来好业绩	快速上岗，专业实效，业绩无忧
	跟行业老手学经销商开发与管理：家电、耐消品、建材家居 黄润霖　著	全部来源于经销商管理的一线问题，作者用丰富的经验将每一个问题落实到最便捷快速的操作方法上去	书中每一个问题都是普通营销人亲口提出的，这些问题你也会遇到，作者进行的解答则精彩实用
白酒	**白酒到底如何卖** 赵海永　著	以市场实战为主，多层次、全方位、多角度地阐释了白酒一线市场操作的最新模式和方法，接地气	实操性强，37 个方法、6 大案例帮你成功卖酒
	变局下的白酒企业重构 杨永华　著	帮助白酒企业从产业视角看清趋势，找准位置，实现弯道超车的书	行业内企业要减少 90%，自己在什么位置，怎么做，都清楚了

续表

白酒	1. 白酒营销的第一本书(升级版) 2. 白酒经销商的第一本书 唐江华 著	华泽集团湖南开口笑公司品牌部长,擅长酒类新品推广、新市场拓展	扎根一线,实战
	区域型白酒企业营销必胜法则 朱志明 著	为区域型白酒企业提供35条必胜法则,在竞争中赢销的葵花宝典	丰富的一线经验和深厚积累,实操实用
	10步成功运作白酒区域市场 朱志明 著	白酒区域操盘者必备,掌握区域市场运作的战略、战术、兵法	在区域市场的攻伐防守中运筹帷幄,立于不败之地
	酒业转型大时代:微酒精选2014-2015 微酒 主编	本书分为五个部分:当年大事件、那些酒业营销工具、微酒独立策划、业内大调查和十大经典案例	了解行业新动态、新观点,学习营销方法
快消品·食品	5小时读懂快消品营销:中国快消品案例观察 陈海超 著	多年营销经验的一线老手把案例掰开了、揉碎了,从中得出的各种手段和方法给读者以帮助和启发	营销那些事儿的个中秘辛,求人还不一定告诉你,这本书里就有
	快消品招商的第一本书:从入门到精通 刘 雷 著	深入浅出,不说废话,有工具方法,通俗易懂	让零基础的招商新人快速学习书中最实用的招商技能,成长为骨干人才
	乳业营销第一书 侯军伟 著	对区域乳品企业生存发展关键性问题的梳理	唯一的区域乳业营销书,区域乳品企业一定要看
	食用油营销第一书 余 盛 著	10多年油脂企业工作经验,从行业到具体实操	食用油行业第一书,当之无愧
	中国茶叶营销第一书 柏 龑 著	如何跳出茶行业"大文化小产业"的困境,作者给出了自己的观察和思考	不是传统做茶的思路,而是现在商业做茶的思路
	调味品营销第一书 陈小龙 著	国内唯一一本调味品营销的书	唯一的调味品营销的书,调味品的从业者一定要看
	快消品营销人的第一本书:从入门到精通 刘 雷 伯建新 著	快消行业必读书,从入门到专业	深入细致,易学易懂
	变局下的快消品营销实战策略 杨永华 著	通胀了,成本增加,如何从被动应战变成主动的"系统战"	作者对快消品行业非常熟悉、非常实战
	快消品经销商如何快速做大 杨永华 著	本书完全从实战的角度,评述现象,解析误区,揭示原理,传授方法	为转型期的经销商提供了解决思路,指出了发展方向
	一位销售经理的工作心得 蒋 军 著	一线营销管理人员想提升业绩却无从下手时,可以看看这本书	一线的真实感悟
	快消品营销:一位销售经理的工作心得2 蒋 军 著	快消品、食品饮料营销的经验之谈,重点图书	来源与实战的精华总结
	快消品营销与渠道管理 谭长春 著	将快消品标杆企业渠道管理的经验和方法分享出来	可口可乐、华润的一些具体的渠道管理经验,实战
	成为优秀的快消品区域经理(升级版) 伯建新 著	用"怎么办"分析区域经理的工作关键点,增加30%全新内容,更贴近环境变化	可以作为区域经理的"速成催化器"
	销售轨迹:一位快消品营销总监的拼搏之路 秦国伟 著	本书讲述了一个普通销售员打拼成为跨国企业营销总监的真实奋斗历程	激励人心,给广大销售员以力量和鼓舞

续表

快消品·食品	**快消老手都在这样做：区域经理操盘锦囊** 方刚　著	非常接地气，全是多年沉淀下来的干货，丰富的一线经验和实操方法不可多得	在市场摸爬滚打的"老油条"，那些独家绝招妙招一般你问都是问不来的
	动销四维：全程辅导与新品上市 高继中　著	从产品、渠道、促销和新品上市详细讲解提高动销的具体方法，总结作者18年的快消品行业经验，方法实操	内容全面系统，方法实操
农业	**新农资如何换道超车** 刘祖轲　等著	从农业产业化、互联网转型、行业营销与经营突破四个方面阐述如何让农资企业占领先机、提前布局	南方略专家告诉你如何应对资源浪费、生产效率低下、产能严重过剩、价格与价值严重扭曲等
	中国牧场管理实战：畜牧业、乳业必读 黄剑黎　著	本书不仅提供了来自一线的实际经验，还收入了丰富的工具文档与表单	填补空白的行业必读作品
	中小农业企业品牌战法 韩　旭　著	将中小农业企业品牌建设的方法，从理论讲到实践，具有指导性	全面把握品牌规划，传播推广，落地执行的具体措施
	农资营销实战全指导 张　博　著	农资如何向"深度营销"转型，从理论到实践进行系统剖析，经验资深	朴实、使用！不可多得的农资营销实战指导
	农产品营销第一书 胡浪球　著	从农业企业战略到市场开拓、营销、品牌、模式等	来源于实践中的思考，有启发
	变局下的农牧企业9大成长策略 彭志雄　著	食品安全、纵向延伸、横向联合、品牌建设……	唯一的农牧企业经营实操的书，农牧企业一定要看
医药	**在中国，医药营销这样做：时代方略精选文集** 段继东　主编	专注于医药营销咨询15年，将医药营销方法的精华文章合编，深入全面	可谓医药营销领域的顶尖著作，医药界读者的必读书
	医药新营销：制药企业、医药商业企业营销模式转型 史立臣　著	医药生产企业和商业企业在新环境下如何做营销？老方法还有没有用？如何寻找新方法？新方法怎么用？本书给你答案	内容非常现实接地气，踏实谈问题说方法
	医药企业转型升级战略 史立臣　著	药企转型升级有5大途径，并给出落地步骤及风险控制方法	实操性强，有作者个人经验总结及分析
	新医改下的医药营销与团队管理 史立臣　著	探讨新医改对医药行业的系列影响和医药团队管理	帮助理清思路，有一个框架
	医药营销与处方药学术推广 马宝琳　著	如何用医学策划把"平民产品"变成"明星产品"	有真货、讲真话的作者，堪称处方药营销的经典！
	新医改了，药店就要这样开 尚　锋　著	药店经营、管理、营销全攻略	有很强的实战性和可操作性
	电商来了，实体药店如何突围 尚　锋　著	电商崛起，药店该如何突围？本书从促销、会员服务、专业性、客单价等多重角度给出了指导方向	实战攻略，拿来就能用
	OTC医药代表药店销售36计 鄢圣安　著	以《三十六计》为线，写OTC医药代表向药店销售的一些技巧与策略	案例丰富，生动真实，实操性强

续表

医药	**OTC医药代表药店开发与维护** 鄢圣安　著	要做到一名专业的医药代表，需要做什么、准备什么、知识储备、操作技巧等	医药代表药店拜访的指导手册，手把手教你快速上手
	引爆药店成交率1：店员导购实战 范月明　著	一本书解决药店导购所有难题	情景化、真实化、实战化
	引爆药店成交率2：经营落地实战 范月明　著	最接地气的经营方法全指导	揭示了药店经营的几类关键问题
	引爆药店成交率：专业化销售解决方案（待出版） 范月明　著	药品搭配分析与关联销售	为药店人专业化助力
建材家居	**建材家居营销：除了促销还能做什么** 孙嘉晖　著	一线老手的深度思考，告诉你在建材家居营销模式基本停滞的今天，除了促销，营销还能怎么做	给你的想法一场革命
	建材家居营销实务 程绍珊　杨鸿贵　主编	价值营销运用到建材家居，每一步都让客户增值	有自己的系统、实战
	建材家居门店销量提升 贾同领　著	店面选址、广告投放、推广助销、空间布局、生动展示、店面运营等	门店销量提升是一个系统工程，非常系统、实战
	10步成为最棒的建材家居门店店长 徐伟泽　著	实际方法易学易用，让员工能够迅速成长，成为独当一面的好店长	只要坚持这样干，一定能成为好店长
	手把手帮建材家居导购业绩倍增：成为顶尖的门店店员 熊亚柱　著	生动的表现形式，让普通人也能成为优秀的导购员，让门店业绩长红	读着有趣，用着简单，一本在手、业绩无忧
	建材家居经销商实战42章经 王庆云　著	告诉经销商：老板怎么当、团队怎么带、生意怎么做	忠言逆耳，看着不舒服就对了，实战总结，用一招半式就值了
工业品	**销售是门专业活：B2B、工业品** 陆和平　著	销售流程就应该跟着客户的采购流程和关注点的变化向前推进，将一个完整的销售过程分成十个阶段，提供具体方法	销售不是请客吃饭拉关系，是个专业的活计！方法在手，走遍天下不愁
	解决方案营销实战案例 刘祖轲　著	用10个真案例讲明白什么是工业品的解决方案式营销，实战、实用	有干货、真正操作过的才能写得出来
	变局下的工业品企业7大机遇 叶敦明　著	产业链条的整合机会、盈利模式的复制机会、营销红利的机会、工业服务商转型机会……	工业品企业还可以这样做，思维大突破
	工业品市场部实战全指导 杜　忠　著	工业品市场部经理工作内容全指导	系统、全面、有理论、有方法，帮助工业品市场部经理更快提升专业能力
	工业品营销管理实务 李洪道　著	中国特色工业品营销体系的全面深化、工业品营销管理体系优化升级	工具更实战，案例更鲜活，内容更深化
	工业品企业如何做品牌 张东利　著	为工业品企业提供最全面的品牌建设思路	有策略、有方法、有思路、有工具
	丁兴良讲工业4.0 丁兴良　著	没有枯燥的理论和说教，用朴实直白的语言告诉你工业4.0的全貌	工业4.0是什么？本书告诉你答案

续表

工业品	**资深大客户经理：策略准，执行狠** 叶敦明　著	从业务开发、发起攻势、关系培育、职业成长四个方面，详述了大客户营销的精髓	满满的全是干货
	一切为了订单：订单驱动下的工业品营销实战 唐道明　著	其实，所有的企业都在围绕着两个字在开展全部的经营和管理工作，那就是“订单”	开发订单、满足订单、扩大订单。本书全是实操方法，字字珠玑、句句干货，教你获得营销的胜利
金融	**交易心理分析** (美)马克·道格拉斯　著 刘真如　译	作者一语道破赢家的思考方式，并提供了具体的训练方法	不愧是投资心理的第一书，绝对经典
	精品银行管理之道 崔海鹏　何　屹　主编	中小银行转型的实战经验总结	中小银行的教材很多，实战类的书很少，可以看看
	支付战争 Eric M. Jackson　著 徐　彬　王　晓　译	PayPal 创业期营销官，亲身讲述 PayPal 从诞生到壮大到成功出售的整个历史	激烈、有趣的内幕商战故事！了解美国支付市场的风云巨变
	互联网时代的银行转型 韩友诚　著	以大量案例形式为读者全面展示和分析了银行的互联网金融转型应对之道	结合本土银行转型发展案例的书籍
房地产	**产业园区/产业地产规划、招商、运营实战** 阎立忠　著	目前中国第一本系统解读产业园区和产业地产建设运营的实战宝典	从认知、策划、招商到运营全面了解地产策划
	人文商业地产策划 戴欣明　著	城市与商业地产战略定位的关键是不可复制性，要发现独一无二的“味道”	突破千城一面的策划困局
	电影院的下一个黄金十年：开发·差异化·案例 李保煜　著	对目前电影院市场存大的问题及如何解决进行了探讨与解读	多角度了解电影院运营方式及代表性案例

经营类：企业如何赚钱，如何抓机会，如何突破，如何“开源”

	书名．作者	内容/特色	读者价值
抓方向	**让经营回归简单．升级版** 宋新宇　著	化繁为简抓住经营本质：战略、客户、产品、员工、成长	经典，做企业就这几个关键点！
	混沌与秩序Ⅰ：变革时代企业领先之道 **混沌与秩序Ⅱ：变革时代管理新思维** 彭剑锋　尚艳玲　主编	汇集华夏基石专家团队 10 年来研究成果，集中选择了其中的精华文章编纂成册	作者都是既有深厚理论积淀又有实践经验的重磅专家，为中国企业和企业家的未来提出了高屋建瓴的观点
	活系统：跟任正非学当老板 孙行健　尹　贤　著	以任正非的独到视角，教企业老板如何经营公司	看透公司经营本质，激活企业活力
	公司由小到大要过哪些坎 卢　强　著	老板手里的一张“企业成长路线图”	现在我在哪儿，未来还要走哪些路，都清楚了
	企业二次创业成功路线图 夏惊鸣　著	企业曾经抓住机会成功了，但下一步该怎么办？	企业怎样获得第二次成功，心里有个大框架了
	老板经理人双赢之道 陈　明　著	经理人怎养选平台、怎么开局，老板怎样选/育/用/留	老板生闷气，经理人牢骚大，这次知道该怎么办了
	简单思考：AMT 咨询创始人自述 孔祥云　著	著名咨询公司（AMT）的 CEO 创业历程中点点滴滴的经验与思考	每一位咨询人，每一位创业者和管理经营者，都值得一读
	企业文化的逻辑 王祥伍　黄健江　著	为什么企业绩效如此不同，解开绩效背后的文化密码	少有的深刻，有品质，读起来很流畅
	使命驱动企业成长 高可为　著	钱能让一个人今天努力，使命能让一群人长期努力	对于想做事业的人，‘使命’是绕不过去的

续表

思维突破	**移动互联新玩法：未来商业的格局和趋势** 史贤龙　著	传统商业、电商、移动互联，三个世界并存，这种新格局的玩法一定要懂	看清热点的本质，把握行业先机，一本书搞定移动互联网
	画出公司的互联网进化路线图：用互联网思维重塑产品、客户和价值 李　蓓　著	18个问题帮助企业一步步梳理出互联网转型思路	思路清晰、案例丰富，非常有启发性
	重生战略：移动互联网和大数据时代的转型法则 沈　拓　著	在移动互联网和大数据时代，传统企业转型如同生命体打算与再造，称之为“重生战略”	帮助企业认清移动互联网环境下的变化和应对之道
	创造增量市场：传统企业互联网转型之道 刘红明　著	传统企业需要用互联网思维去创造增量，而不是用电子商务去转移传统业务的存量	教你怎么在“互联网＋”的海洋中创造实实在在的增量
	7个转变，让公司3年胜出 李　蓓　著	消费者主权时代，企业该怎么办	这就是互联网思维，老板有能这样想，肯定倒不了
	跳出同质思维，从跟随到领先 郭　剑　著	66个精彩案例剖析，帮助老板突破行业长期思维惯性	做企业竟然有这么多玩法，开眼界
	麻烦就是需求　难题就是商机 卢根鑫　著	如何借助客户的眼睛发现商机	什么是真商机，怎么判断、怎么抓，有借鉴
	互联网＋“变”与“不变”：本土管理实践与创新论坛集萃·2016 本土管理实践与创新论坛　著	加速本土管理思想的孕育诞生，促进本土管理创新成果更好地服务企业、贡献社会	各个作者本年度最新思想，帮助读者拓宽眼界、突破思维
财务	**写给企业家的公司与家庭财务规划——从创业成功到富足退休** 周荣辉　著	本书以企业的发展周期为主线，写各阶段企业与企业主家庭的财务规划	为读者处理人生各阶段企业与家庭的财务问题提供建议及方法，让家庭成员真正享受财富带来的益处
	互联网时代的成本观 程　翔　著	本书结合互联网时代提出了成本的多维观，揭示了多维组合成本的互联网精神和大数据特征，论述了其产生背景、实现思路和应用价值	在传统成本观下为盈利的业务，在新环境下也许就成为亏损业务。帮助管理者从新的角度来看待成本，进一步做好精益管理

管理类：效率如何提升，如何实现经营目标，如何“节流”

	书名．作者	内容/特色	读者价值
通用管理	**1. 让管理回归简单．升级版** **2. 让经营回归简单．升级版** **3. 让用人回归简单** 宋新宇　著	宋博士的“简单”三部曲，影响20万读者，非常经典	被读者热情地称作“中小企业的管理圣经”
	管理：以规则驾驭人性 王春强　著	详细解读企业规则的制定方法	从人与人博弈角度提升管理的有效性
	员工心理学超级漫画版 邢　雷　著	以漫画的形式深度剖析员工心理	帮助管理者更了解员工，从而更轻松地管理员工

续表

通用管理	**分股合心：股权激励这样做** 段磊　周剑　著	通过丰富的案例，详细介绍了股权激励的知识和实行方法	内容丰富全面、易读易懂，了解股权激励，有这一本就够了
	边干边学做老板 黄中强　著	创业20多年的老板，有经验、能写、又愿意分享，这样的书很少	处处共鸣，帮助中小企业老板少走弯路
	中国式阿米巴落地实践之从交付到交易 胡八一　著	本书主要讲述阿米巴经营会计，"从交付到交易"，这是成功实施了阿米巴的标志	阿米巴经营会计的工作是有逻辑关联的，一本书就能搞定
	中国式阿米巴落地实践之激活组织 胡八一　著	重点讲解如何科学划分阿米巴单元，阐述划分的实操要领、思路、方法、技术与工具	最大限度减少"推行风险"和"摸索成本"，利于公司成功搭建适合自身的个性化阿米巴经营体系
	集团化企业阿米巴实战案例 初勇钢　著	一家集团化企业阿米巴实施案例	指导集团化企业系统实施阿米巴
	阿米巴经营的中国模式 李志华　著	让员工从"要我干"到"我要干"，价值量化出来	阿米巴在企业如何落地，明白思路了
	欧博心法：好管理靠修行 曾　伟　著	用佛家的智慧，深刻剖析管理问题，见解独到	如果真的有'中国式管理'，曾老师是其中标志性人物
流程管理	**1. 用流程解放管理者** **2. 用流程解放管理者2** 张国祥　著	中小企业阅读的流程管理、企业规范化的书	通俗易懂，理论和实践的结合恰到好处
	跟我们学建流程体系 陈立云　著	畅销书《跟我们学做流程管理》系列，更实操，更细致，更深入	更多地分享实践，分享感悟，从实践总结出来的方法论
质量管理	**IATF16949质量管理体系详解与案例文件汇编：TS16949转版IATF16949:2016** 谭洪华　著	针对IATF的新标准做了详细的解说，同时指出了一些推行中容易犯的错误，提供了大量的表单、案例	案例、表单丰富，拿来就用
	五大质量工具详解及运用案例：APQP/FMEA/PPAP/MSA/SPC 谭洪华　著	对制造业必备的五大质量工具中每个文件的制作要求、注意事项、制作流程、成功案例等进行了解读	通俗易懂、简便易行，能真正实现学以致用
	1. ISO9001:2015新版质量管理体系详解与案例文件汇编 **2. ISO14001:2015新版环境管理体系详解与案例文件汇编** 谭洪华　著	紧密围绕2015新版，逐条详细解读，工具也可以直接套用，易学易上手	企业认证、内审必备
战略落地	**重生——中国企业的战略转型** 施　炜　著	从前瞻和适用的角度，对中国企业战略转型的方向、路径及策略性举措提出了一些概要性的建议和意见	对企业有战略指导意义
	公司大了怎么管：从靠英雄到靠组织 AMT 金国华　著	第一次详尽阐释中国快速成长型企业的特点、问题及解决之道	帮助快速成长型企业领导及管理团队理清思路，突破瓶颈
	低效会议怎么改：每年节省一半会议成本的秘密 AMT 王玉荣　著	教你如何系统规划公司的各级会议，一本工具书	教会你科学管理会议的办法
	年初订计划，年尾有结果：战略落地七步成诗 AMT 郭晓　著	7个步骤教会你怎么让公司制定的战略转变为行动	系统规划，有效指导计划实现

续表

人力资源	**HRBP是这样炼成的之“菜鸟起飞”** 新　海　著	以小说的形式，具体解析HRBP的职责，应该如何操作，如何为业务服务	实践者的经验分享，内容实务具体，形式有趣
	HRBP是这样炼成的之中级修炼 新　海　著	本书以案例故事的方式，介绍了HRBP在实际工作中碰到的问题和挑战	书中的HR解决方案讲究因时因地制宜、简单有效的原则，重在启发读者思路，可供各类企业HRBP借鉴
	回归本源看绩效 孙　波　著	让绩效回顾“改进工具”的本源，真正为企业所用	确实是来源于实践的思考，有共鸣
	世界500强资深培训经理人教你做培训管理 陈　锐　著	从7大角度具体细致地讲解了培训管理的核心内容	专业、实用、接地气
	曹子祥教你做激励性薪酬设计 曹子祥　著	以激励性为指导，系统性地介绍了薪酬体系及关键岗位的薪酬设计模式	深入浅出，一本书学会薪酬设计
	曹子祥教你做绩效管理 曹子祥　著	复杂的理论通俗化，专业的知识简单化，企业绩效管理共性问题的解决方案	轻松掌握绩效管理
	把招聘做到极致 远　鸣　著	作为世界500强高级招聘经理，作者数十年招聘经验的总结分享	带来职场思考境界的提升和具体招聘方法的学习
	人才评价中心．超级漫画版 邢　雷　著	专业的主题，漫画的形式，只此一本	没想到一本专业的书，能写成这效果
	走出薪酬管理误区 全怀周　著	剖析薪酬管理的8大误区，真正发挥好枢纽作用	值得企业深读的实用教案
	集团化人力资源管理实践 李小勇　著	对搭建集团化的企业很有帮助，务实，实用	最大的亮点不是理论，而是结合实际的深入剖析
	我的人力资源咨询笔记 张　伟　著	管理咨询师的视角，思考企业的HR管理	通过咨询师的眼睛对比很多企业，有启发
	本土化人力资源管理8大思维 周　剑　著	成熟HR理论，在本土中小企业实践中的探索和思考	对企业的现实困境有真切体会，有启发
企业文化	**36个拿来就用的企业文化建设工具** 海融心胜　主编	数十个工具，为了方便拿来就用，每一个工具都严格按照工具属性、操作方法、案例解读划分，实用、好用	企业文化工作者的案头必备书，方法都在里面，简单易操作
	华夏基石方法：企业文化落地本土实践 王祥伍　谭俊峰　著	十年积累、原创方法、一线资料，和盘托出	在文化落地方面真正有洞察，有实操价值的书
	企业文化的逻辑 王祥伍　著	为什么企业之间如此不同，解开绩效背后的文化密码	少有的深刻，有品质，读起来很流畅
	企业文化激活沟通 宋杼宸　安　琪　著	透过新任HR总经理的眼睛，揭示出沟通与企业文化的关系	有实际指导作用的文化落地读本
	在组织中绽放自我：从专业化到职业化 朱仁健　王祥伍　著	个人如何融入组织，组织如何助力个人成长	帮助企业员工快速认同并投入到组织中去，为企业发展贡献力量
	企业文化定位·落地一本通 王明胤　著	把高深枯燥的专业理论创建成一套系统化、实操化、简单化的企业文化缔造方法	对企业文化不了解，不会做？有这一本从概念到实操，就够了

续表

生产管理	**精益思维:中国精益如何落地** 刘承元　著	笔者二十余年企业经营和咨询管理的经验总结	中国企业需要灵活运用精益思维,推动经营要素与管理机制的有机结合,推动企业管理向前发展
	300 张现场图看懂精益 5S 管理 乐　涛　编著	5S 现场实操详解	案例图解,易懂易学
	高员工流失率下的精益生产 余伟辉　著	中国的精益生产必须面对和解决高员工流失率问题	确实来源于本土的工厂车间,很务实
	车间人员管理那些事儿 岑立聪　著	车间人员管理中处理各种"疑难杂症"的经验和方法	基层车间管理者最闹心、头疼的事,'打包'解决
	1. 欧博心法:好管理靠修行 **2. 欧博心法:好工厂这样管** 曾　伟　著	他是本土最大的制造业管理咨询机构创始人,他从400 多个项目、上万家企业实践中锤炼出的欧博心法	中小制造型企业,一定会有很强的共鸣
	欧博工厂案例 1:生产计划管控对话录 **欧博工厂案例 2:品质技术改善对话录** **欧博工厂案例 3:员工执行力提升对话录** 曾　伟　著	最典型的问题、最详尽的解析,工厂管理 9 大问题 27 个经典案例	没想到说得这么细,超出想象,案例很典型,照搬都可以了
	工厂管理实战工具 欧博企管　编著	以传统文化为核心的管理工具	适合中国工厂
	苦中得乐:管理者的第一堂必修课 曾　伟　编著	曾伟与师傅大愿法师的对话,佛学与管理实践的碰撞,管理禅的修行之道	用佛学最高智慧看透管理
	比日本工厂更高效 1:管理提升无极限 刘承元　著	指出制造型企业管理的六大积弊;颠覆流行的错误认知;掌握精益管理的精髓	每一个企业都有自己不同的问题,管理没有一剑封喉的秘笈,要从现场、现物、现实出发
	比日本工厂更高效 2:超强经营力 刘承元　著	企业要获得持续盈利,就要开源和节流,即实现销售最大化,费用最小化	掌握提升工厂效率的全新方法
	比日本工厂更高效 3:精益改善力的成功实践 刘承元　著	工厂全面改善系统有其独特的目的取向特征,着眼于企业经营体质(持续竞争力)的建设与提升	用持续改善力来飞速提升工厂的效率,高效率能够带来意想不到的高效益
	3A 顾问精益实践 1:IE 与效率提升 党新民　苏迎斌　蓝旭日　著	系统的阐述了 IE 技术的来龙去脉以及操作方法	使员工与企业持续获利
	3A 顾问精益实践 2:JIT 与精益改善 肖志军　党新民　著	只在需要的时候,按需要的量,生产所需的产品	提升工厂效率
员工素质提升	**TTT 培训师精进三部曲(上):深度改善现场培训效果** **TTT 培训师精进三部曲(中):构建最有价值的课程内容** **TTT 培训师精进三部曲(下):职业功力沉淀与修为提升** **廖信琳　著**	**从内到外全方位指导企业内训师从专业到卓越**	成为优秀企业内训师/培训师的案头必备书籍